SMART SHOP

智慧店铺

实体门店的未来

席国庆 著

中国商业出版社

图书在版编目（CIP）数据

智慧店铺：实体门店的未来 / 席国庆 著. --北京：中国商业出版社, 2018.7
ISBN 978-7-5208-0498-1

Ⅰ.①智… Ⅱ.①席… Ⅲ.①商店—商业经营 Ⅳ.①F717

中国版本图书馆 CIP 数据核字(2018)第 157668 号

责任编辑：朱丽丽

中国商业出版社出版发行
(100053 北京广安门内报国寺 1 号)
010-63180647　www.c-cbook.com
新华书店经销
天津中印联印务有限公司印制

*

720 毫米×1000 毫米　1/16 开　13.5 印张　180 千字
2018 年 9 月第 1 版　2018 年 9 月第 1 次印刷
定价：42.00 元

* * * *

（如有印装质量问题可更换）

名家推荐

门店既是商业活动的神经末梢,也是商业生态的基础节点,在充满创新氛围的互联网、智能科技浪潮中,《智慧店铺——实体门店的未来》一书,无疑是激活门店智慧之道的指南。

——财讯传媒集团(SEEC)首席战略官 段永朝

互联网一方面冲击着实体店,另一方面也提供了更多更好用的工具,然而这些工具是什么,怎么用,还有很多人不知道,知道的就会让自己更具竞争优势。感谢《智慧店铺——实体门店的未来》这本书为大家带来新的认知,帮助实体店打开智慧之门。

—— 品途创始人 刘宛岚

当下餐饮业作为新零售最具开发潜力的主赛道,同时也是信息技术、服务智能的主场景。《智慧店铺——实体门店的未来》这本书系统性地帮助餐饮老板们打造智慧门店,可谓一本难得的工具书。

——《餐饮老板内参》创始人、CEO 秦朝

智慧店铺——实体门店的未来

实体门店从原来的坐等消费者到现在的需要吸引顾客上门,从原来的简单卖货到现在的追求顾客持续购买,席国庆先生在实体门店的运营模式,设计营销方面有得天独厚的见解,《智慧店铺——实体门店的未来》这本书深入浅出,非常值得一看。

——商业模式专家、未来派创始人 荆涛

移动互联时代,过去的门店运作模式已经失效。《智慧店铺——实体门店的未来》这本书提出的"智慧门店"战略,就是一种以客户为中心的战略,是实体店管理者的必读书。

——时趣互动研究院院长、社群运营专家 郑治

传统零售如果不能有效利用互联网和大数据,注定会被这个时代所淘汰,智慧门店才是传统零售的未来,怎样成为一家信息化、智能化的门店,席老师的这本新书《智慧店铺——实体门店的未来》有系统的方法。

——师道集团联合创始人,常轻松管理咨询创始人 苏清

随着科技的进步,尤其是互联网、物联网等新兴技术的发展,传统行业都在纷纷寻求变革和转型。其实对于传统企业来说,这根本不是想不想转的问题,是想生存就必须要转的问题。但是朝哪里转?如何转?这都是亟待解决的难题。尤其是对于大大小小、形形色色的实体门店来说,转型更是不易。因为大部分的实体店资金等实力都比较有限,而且实体店"坐商"的经营方式在转型的时候也有诸多不便。而《智慧店铺——实体门店的未来》这本书的诞生,给实体店转型带来了曙光,指明了方向。可以说对于实体店经营者来说,本书是必须要读的行业

宝典。

——知名网络营销专家、北大／清华总裁班讲师、推一把网创始人、北京协和药妆新零售COO　江礼坤

智慧的实体店铺将决定着大品牌的生与死，《智慧店铺——实体门店的未来》这本书的出现，给实体店铺带来更多希望。

——鸿风领导力学院董事长、吉林大学兼职教授　姜洋

移动互联网时代，实体店面临重生的机会。思维创新，才能找到时机。了解并掌握"智慧店铺"的运作方法，也就为实体店的运作找到了出路，推荐这本《智慧店铺——实体门店的未来》。

——笔记侠创始人　柯洲

前 言

如今,实体店关门潮来势汹汹,哀鸿遍野,全国各地无一例外地出现了大规模的实体店铺关门现象。

放眼望去,众多实体店门前,"此房出租"纷纷挂出,如同商业街的墓志铭一般,氛围阴森。城市中,曾经人头攒动、人声鼎沸的商业街已不复存在,到处都是空荡荡的街道,门可罗雀、人去楼空。街上来来回回的,似乎只有行色匆匆的快递小哥,宛如诡异的"鬼城"。

在电子商务的竞争下,实体店正像多米诺骨牌一样成片倒下。近年来,几乎每周都有大型零售商宣布关店或破产,而空置的商场也随之越来越多。

2017年7月7日,西尔斯控股公司宣布再关闭8家店,截至当日该公司已累积关闭250家不挣钱的西尔斯和凯玛特(Sears and Kmart)分店。7月底,潘尼百货(J.C. Penney)宣布关闭超过100家分店;2017年2月,已在2016年关闭了近70家分店的梅西百货证实,未来几年将再关闭约34家分店。

而这仅仅只是个开始,已宣布2017年内关店计划的还包括:茶瓦纳(Teavana)计划关闭379家店;金宝贝(Gymboree)计划关闭约350家店;Payless ShoeSource关闭512家店;Radio Shack关闭1000家店;The Limited关闭250家店;Wet Seal关闭171家店;美国服饰(AAAmerican

智慧店铺——实体门店的未来

Apparel）关闭110家店；GameStop关闭150家店；CVS关闭70家店……

互联网时代，电商平台的发展加速了没有竞争力的实体店关闭潮，而移动互联网时代更有来自用户的新挑战。生活水平的提高和科技的进步让人们对消费的需求提出了更高、更多样性的要求，他们的口味和眼光变得更加挑剔，产生了消费升级的新概念。这对实体店铺来说是个不小的挑战。

这种挑战来自传统实体店铺基本是封闭的，无法适应消费者这种更多样化的需求。对消费者来说，实体门店不仅是一个体验的地方，还应该是一个服务中心，可以让消费者与品牌直接对话，与之建立互动。同时，对于实体门店来说，可以获取实时的消费者数据、洞察消费者需求，这样才能根据消费者的真实需求快速做出反应。

除此以外，移动互联网时代的实体店铺还面临着新环境下的生态性危机，实体店的经营正一步步掉入泥坑。

价格的"坑"。实体店服务的价格一共分为两部分：一部分是实体店老板的提货价，一部分是实体店卖给消费者的价格。价格上不去，简直就是逼死人的节奏。但是，这绝不是实体店的全部。大量实体店并没有掉进这个"坑"。

产品的"坑"。这些年，很多实体店表面上是销售产品或服务，其实卖的却是低价格。对于自己的产品或服务，很多实体店老板都是既熟悉又陌生。熟悉的是产品进货价、出货价、库存、利润和销量；陌生的是产品的性能、卖点和目标消费者。

互联网的"坑"。移动互联时代，很多实体店老板都感到困惑，只要开个网店、注册个公众号就转型了。初衷没有错，但方向和落地却错了。对于实体店来说，不是"互联网+实体店"，而是"实体店+互联网"，要将所有的互联网手段化、工具化，而不是神化。

体验的"坑"。将实体店重新装修一下,搞个休闲区、搞点演示,并不是真正的用户体验。实体店体验的核心在于,要拥有服务于消费者的真诚之心,要让所有的工作人员都确立"为消费者服务"的意识。

库存的"坑"。对于实体店来说,库存既是一个坏东西,也是一个好东西。市场行情不好时,就会觉得库存是包袱;反之,就变成了"财富"。库存,本身并没有对错,只不过有些实体店对于库存的把握能力太差。

如今的实体店,不变革就是等死。任何事物都会随着社会的发展而不断变化,实体店亦是如此。变革了,就有活路;不变革,就要面临破产的局面。

在电子商务繁盛的今天,移动互联是实体店未来的趋势,O2O线上线下的融合是未来商业的必然,作为服务业的实体店来说更是如此。实体店铺必须注重自己的变革,方法之一就是智慧化运营,走智慧店铺的路线。

所谓智慧店铺,就是从消费行为的第一端延伸到消费行为的结束,智慧助力,提升消费者的消费体验;同时,充分利用消费者的真实消费数据,帮助实体店铺完成决策及战略规划。

不得不说,面对互联网的冲击,智慧店铺是实体店的唯一希望。在巨大的风浪中,谁率先铺设智慧店铺,谁就能率先培养起消费者习惯,谁就能赢得市场先机。

1. 实体店的智慧服务

智慧店铺的服务,充分利用了移动智能技术,可以给消费者带来无限的可能和机会。然后,再针对消费者进行更加体贴和细致的服务,并更有针对性地促进消费者的购买欲望。构建智慧店铺必将成为传统实体店新的发展引擎。

2. 实体店智慧浪潮

"互联网+"时代,实体店既面临挑战又面临机遇。在挑战中,实体店在

O2O 过程中获取优势的关键在于大数据及云服务，必须通过数据获取更多的消费行为数据及消费者与店铺、商品间的关联信息，进行有效的资源整合，不断调整发展方向。

3. 更高效地感知消费者

智慧店铺可以精准地统计进店消费者的年龄、性别等属性，得以分析和定位消费者画像，定位消费者属性与服务的关系等，进而调整服务定位和产品组合。

本书正是基于此，详细阐述了在互联网盛行的今天，我国实体店铺转型中遇到的种种问题及解决方法，为正在迷途中的实体店，指明前进的方向。

目录

第一章 互联网时代实体店铺的困惑与希望
　　实体店铺的辉煌历史 /2
　　频繁的关门潮为实体店的萎缩敲响警钟 /4
　　互联网时代实体店面临怎样的风险 /6
　　互联网时代实体店的机遇和出路在哪里 /8
　　未来,哪些实体店还可以继续存活 /12
　　未来服务业和零售业将呈爆发式增长 /16
　　消费者数据经营是未来发展的新引擎 /22
　　客户服务、客户大数据经营价值 /26
　　未来商家都会有数字化运营部门或人员 /30
　　借助互联网的"东风",将实体店优化成"数字店铺" /33

第二章 智慧店铺从童话故事变成现实
　　有了智慧店铺,实体店也就有了新动力 /38
　　无所不在的智慧店铺,构建了新型的"关系"和"链接" /41
　　插上互联网翅膀,实体店铺也能在天空翱翔 /45
　　实体店必然会走向大一统 /48

第三章 智慧店铺的切入点在哪里
　　市场培育:智慧店铺普及的关键 /54
　　用效益说话:有效益,才会有动力 /58
　　建立数据库:有了数据,好办事 /61
　　查找精准用户:明确目标,提供个性化服务 /64
　　有效降低成本:减少支出是增加收益的不二法门 /67

第四章 智慧店铺的智慧做法必是连接
　　消费连接:为消费者提供便利的支付方式 /72
　　服务连接:为消费者提供卓越的服务体验 /76
　　营销连接:线上线下一个都不能少 /79
　　这只是开始 /85

第五章 智慧店铺的可视化运营

项目需求分析：智慧店铺可视化运营的大举措 /90

系统总体架构：智慧店铺可视化运作的关键点 /94

客流统计：智慧店铺提升销售额的好方法 /97

大数据分析：智慧店铺可视化运作的根本点 /101

第六章 实体店的智慧化改造与升级

支付融合化：将多种支付方法融合到一起为我所用 /106

卡券电子化：用电子会员带动会员消费 /109

外卖集成化：多种方法并行提高消费者忠诚度 /115

营销智能化：用智能化的营销方式增加消费者黏性 /118

商城一体化：满足消费者需求打造一体化商城 /121

实体店网络化：将网络充分利用起来满足店铺发展需要 /125

第七章 智慧店铺的营销手段

全员营销：联合所有的力量一起做营销 /130

互动营销：跟消费者多互动、多沟通 /132

会员营销：将消费者吸纳为会员，做好会员维护 /137

大数据营销：将大数据融合到营销的过程中 /141

互联网自媒体平台：建立一个属于自己的互联网自媒体平台 /145

让员工参与进来：调动一切能用的力量 /149

第八章 智慧店铺要以客户为中心

一站式服务：打动消费者的制胜法宝 /154

体验超预期：给消费者提供超预期的服务体验 /157

社交场景：充分利用社交场景为营销助力 /162

网店思维：转换思维，跟紧互联网 /166

渠道支付系统：将第三方支付系统充分利用起来 /171

消费大数据平台：拿数据说话最有效 /176

第九章 向互联网平台靠拢，做好智慧店铺管理

数字店铺是未来趋势 /182

智慧店铺驱动企业变革 /186

智慧店铺促进实体店服务的提升 /190

智慧店铺提高供应链效益 /198

智慧店铺助力新零售 /200

智慧店铺有效促进供给侧改革 /203

第一章 / 互联网时代实体店铺的困惑与希望

智慧店铺——实体门店的未来

实体店铺的辉煌历史

互联网时代，虽然我们鼓励智慧店铺，但传统实体店的运作模式也不是可有可无。在特定的社会发展阶段，过去的实体店运作模式确实为消费者带来了很多便利，创造了销售辉煌。在我们具体阐述智慧店铺的运作之前，首先回顾一下实体店铺的辉煌历史，如此更便于我们对智慧店铺的意义和作用做进一步认识。

在互联网及电子商务的巨大冲击下，"倒闭""关门"的实体店一波接一波，但不得不提的是，在互联网及电子商务出现之前，实体店确实通过自己的运营模式创造了繁荣局面，曾经也极大地促进了社会和商业的进步。

1. 计划经济时代（1949—1977年）

新中国成立后，我国工业百废待兴，商品物资非常匮乏，能够通过特殊渠道取得"洋货"的人少之又少，市场上流通的商品更是不多。

1950年4月中国百货公司成立，在全国范围内组建百货商店，百货店被开设到乡镇一级的行政单位。这时候，百货商店并不是市场经济下的产物，更像是国家的一个职能部门，其目的不是盈利、不是给人们提供更好的商品和服务，

第一章 互联网时代实体店铺的困惑与希望

而是保证社会商品供应。

2. 快速生长时代（1978—2000年）

十二届三中全会后，我国从计划经济正式跨进市场经济，手工业和轻工业慢慢得到恢复，外资的引进，让中国经济呈现出一种欣欣向荣的景象。与这种兴盛之势所呼应，商品种类也逐渐丰富起来，商品的供应量逐渐满足了市场需求，各种实体店纷纷出现，照相馆、理发店、百货商店等里面更是人流涌动，商品琳琅满目，服务种类繁多。

3. 外商进入的时代（2001—2008年）

2001年12月我国加入WTO，确实令人振奋，但加入世贸组织的条件就是要减少及消除非关税壁垒，扩大商业领域的开放。"消费者是上帝"的口号也就是在这时提出的，从业者的服务意识逐渐提高。随着中国传统服务业的刺激及助力转型的升级，各行各业纷纷建立自己的实体店，迎来了实体店发展的春天。

4. 电商冲击时代（2009—2015年）

随着互联网技术的逐渐成熟，借助互联网技术的各种商业模式也逐渐开始发展，中国进入电子商务时代。在电商的冲击下，许多实体店都出现了"关门"、"倒闭"的现象，实体店遇到了从未有过的危机。

5. 实体店铺的春天（2016至今）

2016年下半年股市大幅度下跌，许多人预言，实体经济将逐渐没落，认为未来一定是互联网经济的天下。智慧店铺的出现，让陷入困境的实体店看到了希望，春天悄悄来临。

频繁的关门潮为实体店的萎缩敲响警钟

如今,实体店关门的大潮来势汹汹,众多县级城市都出现了实体店铺关门的现象。在商业街上,随处都可以看到"此房出租"的信息。且不说县级这样的五六线城市,甚至连一二线城市也面临相同的困境。曾经人头攒动、人声鼎沸的商业街,生意惨淡,门可罗雀;来来往往的人,大多是行色匆匆的快递小哥。

确实,在互联网的冲击下,实体店这几年来的境况都不算好,可以说是举步维艰,已无可挽回地进入"大洗牌"阶段。2015年,万达商城关店达46家,百盛也关了9家,NOVO关了5家,尚泰百货全面退出中国。国际奢侈品牌更是愁云惨淡,路易威登2015年关了3家,普拉达2014—2015年关了16家。而国内9个大众熟知的服装品牌,2015年关了近万家实体店。不仅如此,连麦当劳及肯德基等世界500强企业都不堪重负,纷纷关门,甚至有人放出言论说,这样的关门潮也仅仅是个个开始。

一组来自大众点评的最新数据,同样让已进入寒冬的美容院再度被泼了"一桶冰水":2016年,美容院每日闭店464家。有业界人士表示,此数据是相当

第一章 互联网时代实体店铺的困惑与希望

保守的,真实倒闭数据远超于此。

近两年中,很多美容院都出现了共同的问题:经济效益明显下滑,甚至一些规模较大、经济基础比较好的美容连锁机构也纷纷关门,成立时间不长的小美容院就更别说了。

很多美容院的老板都说自己"很累",一方面是因为,虽然现在的美容院已经不用频繁地更换服务项目,但是为了开辟新客户、维护好老客户,依然需要定期寻找与了解一些更好的项目与产品。有些美容院甚至每年都要换一次服务项目,每次更换项目都需要对员工进行新一轮培训、需要跟消费者进行新一轮沟通,人力和物力的耗费自不必说。

另一方面,以互联网为基因的创业公司、以美业为主的美容机构、美容专业线产品生产机构等,都被卷入了"互联网+美容"大战。在这种态势下,大部分美容院备受冲击,左右为难。

"互联网+"的时代,实体店既面临挑战又面临机遇。实体店运营者要想抓住每个有利机会,为消费者创造更理想的消费体验,仅从成本和销售额来考量是远远不够的。而积极打造智慧店铺,便可以借助数据的帮助创造更好的业绩,让实体店的运营和管理更加高效,为消费者提供更优质、更人性化的产品与服务。

互联网时代下,实体店获取优势的关键在于大数据和云服务。通过数据可获取更多的消费行为分析及消费者与店铺、服务间的关联信息,通过消费行为分析功能,能对消费者偏好、货品关注度、销售员与消费者互动的效率等进行分析,以此作为今后实体店改善策略的依据,实现线上线下有效资源的智能整合。

智慧店铺——实体门店的未来

 互联网时代实体店面临怎样的风险

2009年,"厨房制造"以概念餐厅进入重庆餐饮市场,很快就占据了高端餐饮一席之地,一度成为重庆人婚宴喜庆热门首选,可是在2017年却悄然关门。

前几年生意特别好,最忙的时候,店里招了160多个员工,每天爆满,消费者经常等座位。最近两年,店里生意开始变差。生意难做,大家都看在眼里,但突然关店让员工都备感意外。

如今,餐饮行业正在经历转型阶段,消费者消费习惯也在逐渐发生变化,只有主动适应市场,积极转型路线,才能有一线生机。时间是个奇妙的东西,仅用了短短几年的时间,一家昔日人声鼎沸的餐厅就关门大吉了。

在电商野蛮生长的阶段,众多实体店纷纷打起了价格战,消费者在网上就能享受到自己需要的商品和服务,不需要再出去逛街了。随着市场经济改革步伐的加快、电商的迅速崛起、消费者生活观念的转变,传统实体店的日子每况愈下,许多实体店都先后宣布"关闭",危机情景不容乐观。

1. 实体店的投入要比网店多很多

开实体店,需要缴纳租金,尤其是在城市商业中心的租金更为昂贵,这样

就在无形中提高了实体店的经营成本。而网络开店,却少了租金,仅这一项,就节省了大量的投入;再加上,网络带来的消费者数量远比实体店数量多,对实体店来说更具有吸引力。

同时,网络涉及面更广。传统的商业广告宣传渠道有限且费用昂贵,网络本身就是一种非常好的免费广告宣传。网店为消费者提供了一个开拓市场的网络平台,历史成交记录、评论等也就成了一种可供利用的宣传手段。

2. 实体店的选择范围不如网店宽泛

互联网的出现,使人们不需再为体验自己想要的服务而在城市里来回寻找,不仅不受时间限制,还能保护个人隐私,消费选择的范围更是扩展至全国。

时代在进步,人们足不出户就可以享受到自己需要的消费体验和服务体验。消费者效益增加,其行为因为选择性的增加而逐渐变得更加理智;再加上物流的配送,自然可以享受到服务的诸多便利。

3. 实体店商品价格远比网店贵得多

价格是影响消费者消费体验和服务体验的重要元素之一,电商直接面对大众消费者,省去了中间商的差价,所以经营成本更低。而且,许多电商面对的并不仅仅是一个地区市场,而是全国市场,竞争也必然是全国性的,因此可以合理制定服务的价格。

4. 网店使用了良好的营销策略

电商的成功离不开好的营销策略,隐秘营销和饥饿营销等策略的运用,让其摇身一变成为中国的购物狂欢节。这些营销模式抓住了消费者的传统心理,让人们以为自己得到了优惠、赚到了便宜。在"占便宜"的心理基础上,消费者就会趋之若鹜,自然就会营造出一种欢快的节日气氛,提高了人们对电商的关注度。

互联网时代实体店的机遇和出路在哪里

网络的出现、电子商务的快速成长,使实体店的市场份额大量减少。实体店唯有充分了解互联网及电商购物,才能更好地从危机中抓住成功的机遇。

如今,移动互联网吸引了越来越多人的眼球,移动支付更是独领风骚,成为发展热点。在各行各业抢先布局移动互联网的时候,湖北宜昌桂香园用自己的成功事实为我们展示了实体店的发展新出路。

桂香园位于宜昌,是当地一家烘焙糕点老字号品牌,已经成立15年,主要经营面包、糕点、生日蛋糕等。其以"消费者至上,锐意进取"为发展理念,已经建立了约30家连锁实体店,还拥有一座占地30余亩的无菌中央工厂,是当地颇具实力和口碑的大品牌。

桂香园企划部总监看到了移动支付的趋势,便开始关注智慧店铺,最后对智慧店铺中的团购验证、融合收款等功能产生了浓厚的兴趣,最后决定引入智慧店铺系统,为桂香园布局移动互联网。

2015年8月27日,桂香园组织了"微信美食"活动,消费者只要使用微

第一章 互联网时代实体店铺的困惑与希望

信支付,就可以享受到"满10元立减5元、满5立减1元"的优惠。简单的活动规则、显而易见的现金折扣,吸引了众人的目光。通过智慧店铺系统,顾客参与活动的流程变得更加简单快捷——消费者只要扫码就可以完成支付,整个过程不会超过3秒钟。

最终,此次活动取得了令人惊奇的效果:单店每日微信支付成交笔数近400笔;付款自动关注商户公众号,后台粉丝单日增长量增至8000人,增长高达40倍;同时,还充分调动了员工的工作积极性,活动成交量也大幅提升。

桂香园的成功,验证了实体店铺的出路:无论是收款、会员卡和优惠券,还是订单预定管理、消费者交易数据处理,只有通过将店铺与互联网连接在一起,才能有效帮助商户解决线上线下同步消费管理的难题。

从长远角度来说,O2O的魅力就在于消费者数据的沉淀。对于实体店铺来说,智慧店铺可以帮助其得到更深度的经营建议,继而改进产品和服务;同时,也更易于进行二次营销。

尽管现在电商已经变成了一种基础能力,成为降低成本与提升消费体验的重要方式,但我们也应该清醒地认识到:关店潮频繁发生时,也是该行业迎来"市场拐点"之时。

互联网时代,"被颠覆"绝不是实体店的最终命运。在互联网的风暴下,即使实体店面临的问题与挑战众多,但这也不是一盘死棋,巧动脑筋,积极创新,便可将棋盘活。一位企业家曾说:"今后,纯电商必死。纯线下零售业也必死。"这不是危言耸听。实体店要想从挑战中突围,不仅要借鉴网络购物的长处,更要"攻"其短处。

智慧店铺——实体门店的未来

1. 将线上线下巧妙配合起来

面对电商带来的挑战,实体店要采用线上线下配合的模式,充分利用网络资源,对服务或产品实行推广。一是可以制作自己的销售型网站;二是可以借助如今大热的微信、微博等社交平台来宣传与推广,增加与消费者的互动。当然,要想提高消费者的信任度和忠诚度,最重要的还是构建自己的优良品牌形象。

2. 注重商品质量,增加消费者体验度

网络购物虽然有着很高的便利性,但商品和服务多种多样,即使是同一商品和服务也会制定不同的价格;商品更是鱼龙混杂,质量参差不齐,假货泛滥,消费者无法亲自鉴别。而在实体店,消费者却可以看到实实在在的商品,因此依然愿意到实体店体验和消费;再加上,网上消费还存在一定的资金安全与信用风险。

实体店可以使用一些策略将消费者吸引到自己店铺中,比如,提高商品质量、增加消费者体验度。当消费者在实体店中享受到购物的快乐时,自然就不愿意离开了。

比如永辉超市,在电商的冲击下,一直在尝试变化。2014年11月6日,福州市永辉Bravo红星苑店开业,其采用便利的完整自助购物解决方案,帮消费者省去了结账排队的时间,消费者可以随时掌控商品价格和购物金额,大大提高了运营效率、降低了运营成本,为消费者带来了好的购物体验。

3. 找准定位,制定良好的营销策略

盲目销售只能引起商品的滞销、服务的停顿,因此要想吸引消费者,实体店就要了解消费者的购物意向和愿意接受的价格范围。比如,消费者一般都喜

第一章 互联网时代实体店铺的困惑与希望

欢购买富有创意的服务体验,看到淘宝上随处可见的服务,很多消费者都有所抵触,作为商家如果想吸引消费者的目光并促使他们购买,就要不断增加消费合作服务体验的吸引力,积极创新、主动求变,从消费者的需求和心理出发,制定适宜的营销策略。

4. 千万不能忽视了售后服务

买卖本来就是博弈,按照传统观点,只要消费者经历了某种消费体验,实体店就高枕无忧了,并不需要关注售后服务;甚至有些实体店,买卖前后的态度会出现巨大转变。

其实,售后服务是提高客户消费体验的重中之重。优质的售后服务,不仅可以提升自身口碑,还可以吸引更多的消费者来消费,让新客成为熟客,让熟客带新客。因此,如果想在互联网时代盘活实体店,就一定不能忽视售后服务这一环节。

智慧店铺——实体门店的未来

 **未来，哪些实体店还可以继续存活**

2013年作为成都地标性建筑物的"太平洋百货"结束了它20年的经营；2014年4月底的北京，先是华堂商场，再是卜蜂莲花，两家口碑不错的外资超市，忠诚的消费者不在少数，却也难敌利润过低的困境……与之相反，即使互联网对传统零售业的冲击很大，依旧有不少实体店在大浪的冲击下顽强地生存了下来。

当然，这并不是因为它们运气好，而是看谁更能利用当前的机会。比如，"无敌家"日式料理就为众多同行打造了一个以服务个性化为核心的O2O新模式。

微信营销+支付，强化品牌辨识度。"无敌家"是一家以日式拉面为主题的著名日式料理店，主要为人们推广日本及各国健康、长寿、快乐的饮食文化。2016年8月，无敌家拉面在北京三里屯店、燕莎本店、五彩城店等开展了"刮刮卡优惠券"、新会员优惠等多种营销活动。在客流激增的活动期间，店员使用简单易用的移动收款方式，只要花费5秒的时间就可以完成一笔交易，帮消费者减少了排队等候的时间，完善了消费者支付体验；消费者用微信"刮刮卡"得到的奖励和优惠券，之后通过微信、支付宝等客户端进行派发与核销，趣味性十足，方便核销，有效带动了客流；再加上新菜品的不断研发，让无敌家品

第一章 互联网时代实体店铺的困惑与希望

牌受到了更多消费者的欢迎。

成效凸显,线上粉丝转化率大大提高。在大众平台餐饮 O2O 模式弊端逐渐显现的情况下,"无敌家"的新 O2O 模式有效解决了线上线下脱离的问题,效果绝佳。8月10日至16日,仅用了7天时间就积累了近3000名粉丝;"刮刮卡"的访问记录多达2000次;微信交易记录有上千条,实现近20万的成交额。详情见图1-1。从营销工具"刮刮卡"到线下支付的转化率大大提高,是传统支付与纸质卡券营销无法实现的。

通过智慧店铺解决方案,无敌家收集会员数据用来为店铺的运营提供参考和决策,包括会员注册、充值、消费、积分数据等全部沉淀到店铺,方便无敌家随时调取数据、了解会员消费详情。

有了数据作为决策支持,无敌家不仅能够针对顾客喜好制定营销策略,还能对相应的活动方案及时进行调整,做到有的放矢、事半功倍。

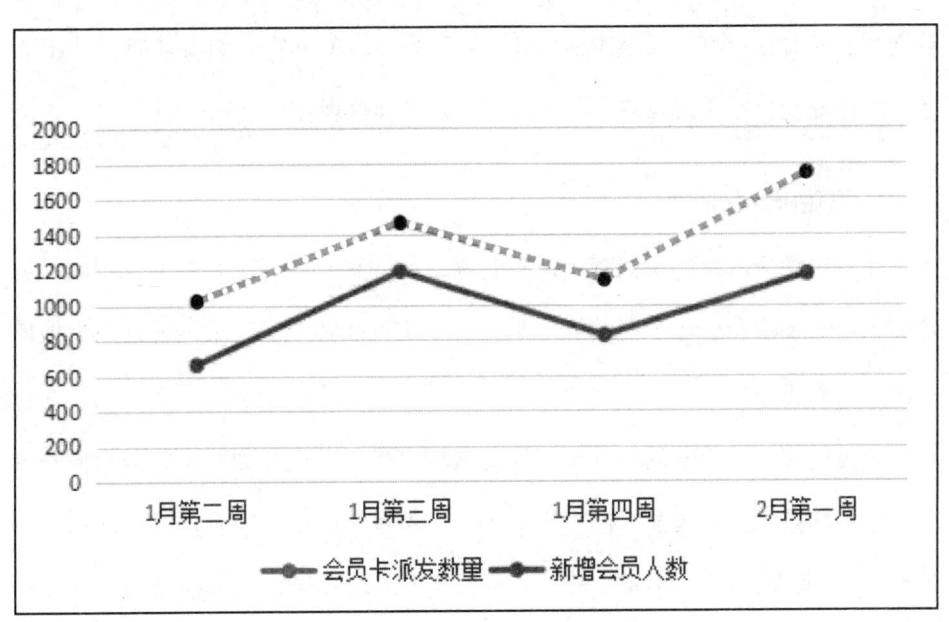

图1-1 无敌家会员卡派发与新增会员趋势图

此外,"无敌家"更深入运行智慧店铺,从餐饮的收银点单系统入手,将预定、线上支付、卡券核销、数据整理等功能巧妙融合在一起,陆续打通了餐企运营、营销和财务等众多环节,实现了移动互联网时代的商业转型。

如今,移动支付已经成为实体店连接互联网的新入口,信息化会帮我们解决实体店的真正痛点,逐渐提高效率、改善经营。在未来实体店争夺的大战中,智慧店铺的经营模式必然会逐步取代传统实体店经营模式。

如今,电商已经渗透到人们日常消费的各个方面,未来实体店还会存在吗?笔者给出的答案是肯定的。只不过,能够存活的实体店必须具备鲜明的特质:一是体验性,二是便利性。

中国人口数量庞大,消费市场潜力巨大。随着电商的逐渐发展,商品和消费者接触的渠道及消费体验等都发生了很大变化,为了吸引消费者,不仅要利用更多的新渠道,还要实现线上线下的融合,及时满足消费者的各种需求。但是,对于很多实体店来讲,要实现所谓的 O2O 并不简单。要做到实体店与线上店之间的合理整合,还需要在布局上下工夫,具体体现在以下几方面:

1. 抓住碎片化消费

差异化竞争,是解决消费者碎片化需求的一种有效方法。如今,7-11、美宜佳、全家等便利店在中国随处可见。其之所以能够存活下来,就是因为抓住了碎片化消费。

在传统实体店萧条的情况下,为什么便利店却发展得如此快?因为便利店里销售的都是生活必需品,品类虽然不多,但都最畅销;而且,有些便利店还是 24 小时营业。而互联网却无法解决半夜口渴没有地方买水的需求,这就是所谓的差异化。半夜口渴的时候,任何人都不会到京东下单买瓶水,因为远水解不了近渴,而且购买成本太高。互联网做不到的而实体店却可以,这就给传

统零售创造了发展机会。

2. 重视消费者体验

体验经济的第一步是塑造一个体验场景，把消费者的需求和问题都用场景形式展示出来，而不单单是展示服务种类。场景展示能够催生出消费者的潜在需求，而单一的服务展示却不会。

实体店的服务种类比不上线上，价格更无法相比，要想吸引消费者，就要将自己可以体验的特点最大限度地发挥出来，在体验上下足工夫，这是互联网和实体店竞争最大的薄弱点。这方面做得最好的，当属宜家。

走进宜家，随处都能看到睡觉的人和试用产品的人，因为体验是它的最大特色。宜家非常注重消费者体验，虽然占地非常大，但宜家对路径的规划却很有讲究。其依据消费者的购买习惯，安排好先买什么后买什么，将所有的产品依次陈列在一条单向路径上，消费者不用回头就能一气呵成地购买完自己需要的东西，完成消费体验。

宜家用自身体验告诉我们：站在消费者的角度为他们着想，便能给消费者提供最好的服务和消费体验。

3. 建立新的消费者购买模式

互联网条件下，消费者的购买模式已经不是原来的单一购买模式了，只有使用新的思路和方式来面对环境的变化，才能开拓客源。

从上面的分析来看，实体店也有很多优势，也能够做到很多互联网店做不到的事情，只要满足了消费者的情感和链接需求，依然能够将众多消费者保留下来。不要惧怕互联网，只要弄清楚自己的定位，借助智慧店铺，将互联网与线下实体店更好地融合在一起，便会具备更强的竞争力。

智慧店铺——实体门店的未来

 # 未来服务业和零售业将呈爆发式增长

在最近几年，各类电商慢慢崛起，实体店面临前所未有的挑战。我们有理由相信，在不远的将来，服务业必然会出现爆发式增长。

现在，很多沐足店依然以 IC 实体会员卡的形式进行会员建设，但随着移动"互联网+"时代的到来，这种会员形式已经落伍，成本更低、效果更好的电子会员卡成为必然。

金御湾沐足城（以下简称"金御湾"）是一家大型沐足休闲实体店，地处佛山，服务面积多达 9000 多平方米；室内环境高端典雅，服务备受好评。可是即便如此，在竞争激烈的行业里，"金御湾"沐足城依然遇到了较大的经营压力。为了应对这种趋势，"金御湾"引进了智慧店铺服务平台，进行了智能会员 CRM 系统建设。

信息透明，积极互动。"金御湾"使用自己的微信公众号，定期向消费者推送养生保健、节日优惠、技师风采等信息，与消费者进行友好互动；还通过智慧店铺服务平台配置了电子会员卡券，设定了多项会员优惠措施，如积分满 3000 还可享受一次免费沐足；同时，消费者还可以在微信公众号上随时随地查看消费积分，极大地提高了会员二次消费频率。

支付即会员,沉淀会员数据。电子会员卡通过扫码和支付的方式,几乎可以实现会员数据的沉淀。消费者只要扫码关注微信公众号并领取会员卡券,就可以享减免优惠。这样,极大地降低了消费者办理会员的门槛,所以消费者大多都会选择扫码领券。

另外,在支付环节把消费者转化为公众号粉丝和会员,为后续的二次营销活动沉淀了大量消费者信息,建立长期的消费者关系。

积极建设会员,提高消费者消费动力。销售量的提升离不开会员的活跃度和黏性,而建立有效的互动渠道和积分体制则是实现这一目的的重要手段。"金御湾"利用智慧店铺服务平台,让消费者可以随时查看电子会员卡的积分,提高了消费动力,沉淀了消费者数据,导入了更多会员。

接入智慧店铺服务平台后,"金御湾"经营成果飞跃上升。在短短的20天时间中,其公众号吸引了2000多的粉丝,注册会员超过1100人,会员的二次消费率超过80%。在竞争激烈的情况下,取得如此成绩确实难能可贵。

由此可见,要想提高消费者的忠诚度、沉淀更多的会员、提高消费者的消费体验、实现智慧经营,就要利用服务平台的优势,增强"互联网+"时代的经营实力。

2016年是一个非常有趣的年份:第一,主流电商平台尽管在蚕食线下实体店的份额,但是增速逐渐放缓;第二,大部分传统实体店都找到了适合自己的且比较成型的变革方案。

说到这里,大家可能都会发出这样的疑惑:中国未来的实体店将会是什么样子?在这个微妙的时间节点,此问题确实令人深思。实体店是最贴近消费者的商业形态,只有搞清楚实体店的发展方向,从消费者的角度去思考问题,才

能抓住消费者的心。

一、未来中国消费大趋势

概括起来,未来中国消费将表现出这样几个趋势:

1. 居民可支配收入持续增长,消费势头持续上涨。根据国家统计局于2016年年初公布的一些数据看,2015年的全国居民人均可支配收入为21966元,比上一年增长了8.9%,抛去价格因素实际上增长了7.4%。超过同期消费比例,以6.9%的速度增长。

随着人均可支配收入的快速增长,尽管宏观经济增长的速度比较缓慢,消费者的信心在之前的几年依然保持了令人惊讶的强大韧性。2015年第4个季度,尼尔森全球消费者信息调查结果显示:几个经济大国中,中国消费者信心指数达到107,最高;其次是英国是101、美国是100,即使中国经济在2015年的增长速度已经放缓了许多,仅为6.9%,但是消费者的消费体验欲望依然在持续上涨。

2. 体验由大众产品向高端产品升级。热度不减的信心是消费者意愿的支撑力量,消费升级势头之所以十分强劲,原因有二:一方面,高端产品品类的增长速度大于大众产品,消费者开始升级自己的消费层次,主要出现在生活服务类,如餐饮、美容等品类上;另一方面,一些大众消费品品类,比如,食品与日用品等,品类增长开始受到价格的提升与拉动,而不是消费量的增长。

3. 消费结构服务业占支出比重持续增加。李克强总理在2016年3月《政府工作报告》中提出,2015年我国结构调整取得积极进展,服务业在国内生产总值中的比重上升到50.5%。由此可见,我国居民的消费正慢慢从产品转向服务,服务业占比可上升空间很大,这种结构的变化一定会持续很长时间。

二、未来实体店爆发增长的信号

未来实体店爆发的信号主要有:

1.90后消费大时代到来,给实体店带来了新机遇。中国新一代偏好超前消费,乐于接受新兴事物,能够更快地适应移动互联消费模式。现今的90后及00后,消费喜好与习惯与上一代人比已经有了质的不同,这正是目前实体店改变发展策略的最好时机。

2.外卖模式让实体店大大增收。在人们的不知不觉中,移动互联外卖模式已经帮商家增加了众多收入,实体店辐射范围慢慢扩大,业务量逐步增加,甚至有些实体店营业额实现了成倍增长。不论是路边小店,还是百货商场里面的大牌,都站在了相同的起跑线上,点击量就是口碑值。

3.商场爆发式的增长,实体店发展时期悄然来临。商场出现了爆发式增长,比如,万达一年就开了26家新店,2016年更是暴增至55家,深入三四线城市。这是商场全面爆发增长的大时代。此外,各大商场企业也正在积极进行业态结构调整,以应对实体商业寒冬。

(1)由明确性消费向体验式消费转型。当前,各地的大型购物场所也都在进行业态调整:零售的比例明显下降,由过去的70%下降到50%甚至更低;亲子、餐饮、娱乐等体验式消费占比则明显提升。

(2)引入差异化品牌。比如上海大悦城,在服装品类上引入了越来越多的非标准化品牌,如各种设计师品牌。设计师品牌的款式是非标准化的,一定要上身才能试出效果,这是线下独有的、电商不能取代的。

(3)引入IP、强化互动体验。更加注重与消费者互动的K11开发屋顶花园,用于举办各种聚会活动,比如举办各种莫奈画展、达利画展等;凯德七宝购物广场店亦将屋顶改造成篮球场；怡丰城则将三楼打通，与周围七个新建的写字楼相连，方便白领午间休息购物。而大悦城更是把互动体验发挥到极致：其拥有20多家手工店铺，可以做书、做首饰、做木工等，消费者能够深度参与其中；另外，大悦城也引入了强文化IP的店铺，比如各种主题餐厅、上海美术电影制片厂的主题体验店等。

4. 品牌越来越多，好品牌如雨后春笋。在服务领域，有许多快时尚品牌，它们针对细分市场的副牌也在逐步打开局面，通过跨界合作，积累了更多的人气，通过自主品牌的渠道及影响力便可以获得更好的发展契机。

5. 实体店的展示价值渐渐被看重。实体店的展示体验价值慢慢被看重，已经成为品牌突破发展瓶颈的有力武器。为了培养下一代品牌消费及情感沟通，甚至有些商家直接租下店面打造体验式的线下体验店。

6. 线上线下洗牌已经到关键时刻，实体店崛起就在眼前。如今，中国实体店洗牌正接近尾声，关店高潮期已经慢慢过去，许多实体店已转型或调整或重发力。

7. 情怀、服务、场景化、快时尚成为实体店崛起的标签。移动互联时代，消费者的消费喜好与追求主要体现在点击率上。目前，实体店最热的转型方向是日本式的工匠精神，充满趣味或情怀的场景体验。这些元素被大量的运用到实体店的开发体系中，早已成了逆袭的标签。

8. 国际品牌的进入，增加了实体商业竞争力。更多的国际品牌进入中国商场，增加了实体商业的竞争力。比如：国际快时尚品牌，起步于2002年，不仅逐渐改变了国人的价值观，还积累了一定的口碑；2008年奥运会前后，一大波国际品牌进入。真正的改变出现在2011—2013年，各国际品牌纷纷进驻

第一章　互联网时代实体店铺的困惑与希望

二三线城市，海量开店抢占市场。

为了应对激烈的市场竞争，实体店不得不改变，否则不进则退。比如，星巴克曾一度被 COSTA 与一打主题咖啡馆超越，意识到这种情况后，其立刻进行变革，服务更具情怀，推出了更具体验的主题店，重新获得了消费者的认可。

智慧店铺——实体门店的未来

 消费者数据经营是未来发展的新引擎

"九号船吧"地处西安,是集风味烧烤、原酿鲜酒于一体的中国首家德式有氧烧烤酒吧创新性品牌。其成立于2015年7月1日,为了提高知名度和影响力,其经营者一直在寻求突破,在2015年7月1日至10日离石区便举办了第四届美食节,开启了颠覆传统酒吧的思路和模式。

活动期间,"九号船吧"在线上(微信平台宣传)和线下(微信摇一摇及扫码获得优惠券)免费发放了3000多张188元的优惠券;消费者只要到店参与互动,便会获赠28元、68元的现酿德国扎啤兑换券,享受到一场"移动支付+美食"的船木文化盛宴。

7月1日开业当天,"九号船吧"生意火爆,很多消费者都是通过智慧店铺高效的卡券派发得知消息并慕名而来,酒吧两周内新增会员超600人。在"九号船吧"近一个月的统计时间内,免费188元兑换券核销率超过51%,这是传统纸质卡券营销所无法实现的。

此外,智慧店铺与微信支付可以实现完全对接,消费者支付更加方便,支付体验更加完善,还解决了现金找零、收到假币等问题,有效增强了消费者黏性。

第一章 互联网时代实体店铺的困惑与希望

数据对企业发展的影响，由此可见一斑。如今"互联网+"正快速发展，移动支付也在通过不断创新完善消费体验、满足消费需求。我们相信，未来必然会有更多的实体店被"数据化"。比如：将各产品信息录入到大数据系统中，通过店名、地图等方式便可以查找到潜在消费者；还可以直接通过PC端或移动端网络，进行在线交易。

一、未来实体店的数据化

对于实体店来说，这样的数据主要包括：客流量的不断变化、消费者在门店的停留时间长短、POS机刷卡的次数及店铺的成单量。餐饮、娱乐等行业只要了解到不同时段的成单量，再结合具体活动情况、近期的宣传情况等，就可以具体分析出不同因素对成交率的影响。

在所有的因素中，最关键也是最难统计到的数据就是客流量。当然，虽然难，但依然可以使用一些方法得到。

1. 同一实体店，位置不同，租金也不同。假如实体店的地理位置不好，但客流量非常高，为了利益最大化，就要借助客流统计系统的数据，准确地得出不同实体店的具体客流量及有效客流量。

2. 实体店衡量促销结果，关键不是到店人数，而是最后的成交量和成交额。只要将成交率及客流量与实体店的促销活动联系在一起，就可以分析出不同的促销活动可以引来多少客流，及对应的成交率等，以此作为下次活动的依据，便能让每个决策更完美、更科学。

对于正处于转型期的实体店来讲，深入地分析消费者行为数据，可以有效帮助实体店在升级过程中优化转型模式，优化区域、业态布局、商品品类、调整商品的营销策略。

未来实体店要想获得长远发展，就要继续秉承"扎根于大数据+互联网，

智慧店铺——实体门店的未来

服务于大数据+互联网"的宗旨,借助更多更好的解决方案与技术支持,不断拓宽数据及应用场景,持续发掘其中的数据价值,将数据资源有效地转化为新的财富,最终实现利益的共赢。

二、未来实体店需要掌握的五类重要数据

从根本上来说,网络零售商与实体店需要争夺的重要资源是数据。电子商务之所以拥有独特的魅力,其部分原因就是每笔交易都能给卖家提供不错的了解消费者的机会。但是,如今这种独享信息的局面已被新的技术形式改变,新型的POS终端系统、为商家设计的管理工具、数字化的忠诚度软件都能帮助实体店做出最明智的决定。

实体店在数据时代取胜需掌握的五大类重要数据有:

1. 我的消费者是谁?要想为消费者提供有针对性的产品,实体店首先就要知道潜在消费者都有哪些。这样,就需要深度了解消费者的购买习惯以及用户画像。比如,消费者的购买过程一般花费多长时间?对哪一类商品和服务有兴趣?他们的年龄范围是多少?工作性质大概是怎样的?家庭结构是怎样的,等等。同时,实体店还要搞清楚购买之外的其他信息,比如,消费者大多使用什么社交网络、钟爱哪类媒体?整合所有的数据,就可以推出适合消费者的营销策略,实现商品利益的最大化。

2. 消费者一般何时来购物?网络销售与实体店销售的主要区别是,实体店只要开门营业,就会出现成本,如人力、店面租金等。通过新型的POS终端系统及数字化的忠诚度计划,商家就能迅速知晓消费者流量的大小,并能根据流量的时间变化充分合理地安排员工、产品与服务,最大限度地利用高峰时间进行销售。

3. 接触消费者的最佳方式是什么?一旦和消费者建立了联系,使用新型科

技手段所带来的数据,就可以筛选出最有效的交流沟通手段,如电邮、手机或社交媒体等。

4. 用哪种方式推出产品能刺激消费行为?比如,一些消费者会被主菜单所吸引,一些消费者希望尝试新的产品或服务。同时,每个人都有自己的消费习惯,一些消费者不愿意用实物消费券,有些消费者则不愿在高峰期使用消费券。使用新型科技手段的数据功能,实体店就可以快速截获这些信息。

5. 忠诚度市场营销策略的投资回报如何?消费者忠诚度对于实体店是个十分重要的营销支柱,采用数字化的技术,所有的消费者就不会处于对等位置,采用不同的忠诚度营销方式,在不同地域及不同群体引发的反馈也会各有不同。

除此之外,这些数据可以向实体店提供包括实际数据与主观体验在内的忠诚度管理工具的整体影响。对于营销网站来说,数据分析也会变得越来越重要。

智慧店铺——实体门店的未来

@ 客户服务、客户大数据经营价值

无数据，不管理。

"大悦城"实施了"购物篮"的精准化营销：会员从最初办卡到不断使用，每个月的消费额皆不同，购买的商品大多不同，通过大数据能够分析出会员的一般行为习惯，就可以在合适的时间给会员推送一些他们需要的品牌优惠券、O2O活动及艺术沙龙等信息，有力地推进了大数据背后的精准化营销。

"大悦城"将会员分为21个层级，为每个层级推送各自需要的信息；同时，还会通过"综合云数据中心"为消费者提供准确的独特化营销，便于管理层快速掌握各商户的销售业绩与市场状况。

此外，其还为消费者提供免费的WIFI，将微博、微信、APP连接成了信息量足够大的网络，让购物中心的全渠道零售管理慢慢从梦想变为可能。

利用数据进行具体化运营管理是购物中心的出路，"大悦城"的例子很多地说明了这一点。

未来的商业竞争，既不是业态的竞争，也不是品牌的竞争，业态可以照搬、品牌可以分享，真正的竞争是数据经营价值的竞争。那么，如何来处理、分析

第一章 互联网时代实体店铺的困惑与希望

与挖掘数据？怎样利用数据背后潜在的商业价值？

一、通过大数据明确消费者的行为特征

1. 供需精准化。大数据的最大价值就是，能够均衡供给与需求。实体店完全可以根据客流量及历史数据告诉各商家下时段大概会有多少消费者、消费者APP能够接收多少优惠券，引导消费者消费、均衡供需关系。

当然，在实现消费者标签管理的时候，也要把商家的部分商品、服务、套餐等进行数据化处理并标签化，以便于目标消费者精准地匹配推荐。

准确且具有独特性推荐的基础是消费者标签，如表1-1所示：

表1-1 消费者标签

消费者年龄	男女、青年、中年、老年、孕妇、新父母
收入和消费观	实惠型、享乐型、品质型、潜力消费者
性格	口碑宣传、挑剔型、参与型、安静型消费者
生命周期	新消费者、忠诚消费者、潜力消费者、流失消费者
消费者标签和消费历史数据	喜好偏向

2. 提升消费者体验。大数据使得链接成本变低，可以实时准确地把优惠推送给最符合需求的人。比如，假如电影院的某些场次观众比较少，实体店就可以向周围有需要的会员推送免费电影票，用最小的成本让消费者获得意外的体验，具体如表1-2所示：

表1-2 提升消费者体验

有利于针对高价	依据消费金额、频次、客群分析，主动邀请高价值消费者成为VIP，为他们预留最好的车位，提供洗车服务、休息室按摩、导购服务等
能挖掘到消费者意见	某些人群是天生的推广员，引导他们享受新服务，让他们随时在移动终端工具提出感受和意见，给他们很多优惠，让他们成为口碑广告
其他玩法	比如，策划一期寻宝活动，告诉消费者一些线索，通过消费者的参与，提高影响力

27

二、以大数据构建线上线下高效运营平台

随着高速无线网络及智能设备的推广，消费者能够及时并轻易得到想要的信息。O2O的优势就在于，利用信息及数据的便利性可以让信息与服务变得更为对称，大大降低消费者享受到服务的成本。

1. 用监控获得线下客流信息。如今很多实体店都在使用消费者的客流监控系统，凭借这一系统实体店能够根据投资情况收集到相应级别的数据，例如表1-3所示：

表1-3 客流监控系统

方案	布设点	低端方法	高端方案
一	实体店内外间的进出口	分时段出入实体店的人数	年龄、性别统计
二	楼间通道的出入口	统计各楼层、各时段的人数	
三	动线或动线的转折点	监控动线的客流引导效果	
四	计款台	统计不同时段收款台的队伍长度	
五	实体店门口	统计不同时段出入实体店的人数	

2. 依靠WIFI采集客流数据。通过提供免费的WIFI对客流数据采集分析是目前实体店营销大数据的热门，因此要多收集消费者的行为模式、消费偏好及转化率等。

3. 实体店怎样玩转大数据。虽然说，一些实体店掌握的消费者行为数据比电子商务网站要少很多，但是只要利用好一些线下数据，例如，门禁数据、POS数据、视频监控数据等，同样也能通过数据分析提高运营效率。

三、大数据下的运营优化策略

1. 立足于"经营客流"。对消费者的当日消费轨迹追踪利用的价值不高，影响最严重的是消费者的生命周期，实体店的运营策略要立足于"经营客流"。

通过对消费者整体的生命周期管理,能够清晰地看到消费者的维护节点期、高价值消费期、平台期及预计的流失期——唯有掌握这些规律,方可指导日常的消费者管理体系。

上海某实体店通过对消费者的偏好分析,把忠诚消费者感兴趣的品牌作为积分兑换的主要目标,将活动的信息发给10万会员中的1000人,实际参与兑换的人数为100人,参与率为10%——而同行业同类型的促销活动参与率仅仅只有1%。

2. 准确获取消费者的购物喜好。累积不同的消费者对品牌与折扣喜爱程度的数据,掌握成熟实体店的具体数据,再依据新开实体店所在城市的一般消费者分析,能够导出新开实体店组货及招商的客观意见。

银泰利用银泰网,打通了线下实体店与线上的VIP账号。注册过账号的人只要走进实体店,其手机就会自动连接上实体店的WIFI,后台操作便会立即认出来,其以往的互动记录、喜好都会呈现在后台数据中。通过对消费者的消费习惯、行走路线、停留区域、电子小票等进行分析,银泰就能快速且准确地判断出消费者的购物喜好,及消费者的购物频率和品类搭配习惯等信息。

智慧店铺——实体门店的未来

未来商家都会有数字化运营部门或人员

随着数字化时代的到来，我们有理由相信，在未来各实体店肯定都会成立自己的专职数字化运营部门。其实，如今很多实体店都已经做到了这一点，比如，飒拉（Zara）。

把消费者声音化成数字。在 ZARA 实体店中，柜台与店内的许多角落都装有摄影机，店经理随身带着 IPDA。假如客人向店员反映："这个袖口的图案设计得很漂亮"、"我不喜欢衣领的样式"……。店员就会向分店经理汇报，之后经理会通过 ZARA 的内部全球资讯网把信息汇总并传递给总部设计人员，最后由总部做出决策反馈给生产线，对产品的样式进行革新与改进。

以线上店为实体店的前测指标。2010 年秋天，ZARA 在六个欧洲国家成立了网络商店，增加了网络资料的相关性。如此，不仅能增加营收，还可强化线上商店的双向搜寻引擎与资料分析的功能。不仅可以把意见传达到生产端，还能够让决策者精准找出商品的目标市场，为消费者提供大量客观准确的时尚讯息，让双方享受大数据带来的好处，达到共赢。

实体店自身有着非常真实的体验优势,利用智能屏幕将店面与互联网相联系起来,就可以将线下的资源与互联网技术结合到一起,真正达到"互联网+"的效果。

通过对智能屏幕的灵活掌握与应用,能够无限扩展店内SKU(库存量单位),并实现数字化的营销模式,从而提高消费者的消费体验,并大大降低运营及经营成本。而所有这一切的实现,都离不开相关部门和工作人员的运作。因此,在互联网高速发展的时代,一定要将数字化运营部门提上日程,明确此部门的工作重点。

1. 通过功能划分实现店铺数字化改造

即使是一个非常小的空间,不同区域的虚拟货架也有不同的定位与功能。比如:促销区的数字屏幕,一般用于展示促销信息,提示新品及促销活动;商品展示区的数字屏幕,作为一个虚拟货架,是为了展示更多商品、同款商品的更多颜色、相似款式商品、库存信息、尺码信息等,将货架进行最大程度的扩展与利用。

2. 采集、分析消费者数据,调整营销策略

在实体店或其他消费场景,数据采集的意义都十分重大。识别进店消费者的身份,并记录其关注点及兴趣点、最终购买的商品,就能够对消费者的消费行为进行数据分析,得出消费者的消费习惯和喜好,在合适的时机为消费者精准地推送最有购买机会的商品。

实体店每日的人流量、平均人次的停留时间、消费者对什么产品感兴趣……都有着很高的价值,一定要做好相关方面的数据整理和分析。

3. 利用云平台实现全渠道营销

通过支付的动作,将消费者积累下来,持续进行店铺的上新及促销活动的推送,也是数字化运营部门的一项重要工作。因此,一定要让营销策略进入消费者的移动端,并支持通过移动端来完成购买。

第一章 互联网时代实体店铺的困惑与希望

借助互联网的"东风",将实体店优化成"数字店铺"

好酒也怕巷子深。可是,有家新开业、附近人流并不密集的主题餐厅,试营业首月便迎来了客人爆棚。这就是"走心·鱼见"餐厅。

"走心·鱼见"是一家文艺而时尚的主题餐厅,店内设计融入了电影和捕鱼两重元素;同时,精选了千岛湖、澜沧江等自然原生环境下生长的野生有机鱼,以鱼为招牌菜。其将喜欢聚会、约会、休闲的年轻人当作自己的主要消费者目标,为了迅速聚拢人气,大举引进了智慧店铺的运行,将特色主题餐饮文化和移动营销巧妙结合起来。结果,仅用了短短数天,就取得了理想的效果。

支付即连接。消费者来店消费,"走心·鱼见"会鼓励他们使用微信支付进行付款,通过掌贝将消费者转化为公众号粉丝。来店消费的一般都是高质量的忠诚消费者,"走心·鱼见"用公众号与消费者建立关联,在短时间内实现了公众号粉丝的指数式增长。

会员卡券营销。"走心·鱼见"积极地引导消费者通过公众号领取电子会员卡券,通过掌贝配置的电子会员卡,实现了与众多消费者的深度绑定。在特

色主题的吸引、优惠信息的诱惑下，消费者纷纷在线分享店内的良好消费体验，吸引众多的消费者入店消费，提高了品牌曝光度。

公众号点餐。通过掌贝后台提供的公众号管理服务，"走心·鱼见"引进了微信公众号"自助点餐"功能。消费者进入店内，只要点击微信公众号的自定义菜单，就可以浏览菜谱，并扫描桌上的二维码下单付款。

特色主题和移动营销的奇妙结合，让"走心·鱼见"在试营业首月就聚拢了大量人气。虽然这骄人成绩的取得，离不开掌贝的大力协助，但发挥关键作用的还是"走心·鱼见"产品和服务体验上的高品质。

要想做成一件事，很多时候，我们都需要借东风。而对于实体店来说，互联网就是这样的一股"东风"。借风而行，不仅走得快，而且不费劲。实体店完全可以借助互联网的东风，优化成"数字店铺"。那么，如何实现这一点呢？

1. 实体店互联网化

互联网的时代，O2O实体店在线下极具扩张，与传统实体店展开了激烈的竞争。在全渠道竞争已经变成常态的背景下，实体店如果依然按照原来的思路进行，是很难适应逐渐白热化的竞争业态的。插上互联网的"双翅"，利用互联网工具进行智能化改造，是实体店提升核心竞争力的一大利器。比如，APP的运用。

现今APP的数量成倍增多，下载率却一直走低。怎样成功地吸引消费者下载APP，成为APP开发者当前最大的难题。APP的引流切记不可盲目追求数字，要讲究一定的方法。首先，对于APP粉丝量的积累，质量要重于数量，为什么？因为质量决定着粉丝的黏性。移动互联网时代，慢就是快，只要长久地坚持做

一件正确的事情，随着时间的推移，最终一定会被他人认可。要想实现粉丝的量变到质变，需要一个过程。在这个过程中，前期能量的积蓄就像是一滴水变成一条河流，只有最后汇集到大海，才会产生巨大的能量。

2. 用活大数据

目前，市场基本上已经"大数据化"了，大数据对于实体店的意义不可忽视。实体店完全可以利用这些大数据来判断消费者的消费需求和购买特征，为实体店品牌及品类结构做参考。比如，通过对大数据的分析可以知道，如果每天经过实体店的消费者多是25～40岁的家庭主妇，那么就可以对服务产品的品类结构、陈列方式、品牌结构、促销活动等进行合理的安排与设置。从年龄段来分析，此年龄段的家庭主妇对护理有一定的要求，化妆棉是她们必备的产品。此外，还要购买家庭洗护产品，因此要常备蓝月亮、超能等品牌的洗衣液。

大数据的重要性还体现在实体店的选址上，例如，看看实体店周围有没有大型超市或其他大型的聚客场所。如果有，客流量就大；如果没有，客流量就小。

3 服务至上

在多渠道的竞争业态下，实体店的服务至关重要。在不断强调服务重要性的时候，考核机制却以销售为主，就显得自相矛盾了。为了体现店铺"服务至上"的理念，可以采用分级考核制度。也就是说，初级人员的主要任务是学习，不参与销售；高级顾问的主要工作是维护会员，要从专业维护的角度出发，帮会员私人订制一些解决方案……表面上看似弱化了销售，其实大大提高了实体店的服务水平，消费者的黏性也会变强；消费者对实体店的忠诚度变强了，实体店的效益也就随之提升了。

第二章 / 智慧店铺从童话故事变成现实

 ## 有了智慧店铺,实体店也就有了新动力

随着互联网的快速发展,各种模式层出迭现,其中 O2O 就是众多电商模式中的一个具有代表性的模式,线上线下融合,也将成为未来的一种发展趋势。

智慧店铺的出现把 O2O 模式发挥到了极致,那么究竟什么是智慧店铺呢?为了回答这个问题,我们先来举个简单的例子:

"臻食荟"是国内大型的连锁美食广场,深受消费者青睐。为了打造新时代的智慧餐饮,2016 年 9 月"臻食荟"与掌贝开展合作,借助掌贝智慧店铺系统全面革新了消费流程,为消费者提供了更好的消费体验。掌贝进驻"臻食荟"实体店后,实现了移动支付交易额的整倍暴涨,在线订单量快速增长,实现了预期品牌曝光指标。

融合支付。掌贝为"臻食荟"提供的智能 POS 硬件,融合了所有的支付方式,收银员可以将微信支付、支付宝支付、银联刷卡等一机搞定。如此,既为消费者营造了更好的消费体验,使得移动支付的交易额呈暴涨式增长;还大大减少了收银员找零、验钞等时间损耗,提升了运营效率。

微餐饮在线下单。为了迎合消费者的诉求,"臻食荟"采用掌贝微信商城

第二章 智慧店铺从童话故事变成现实望

中的微餐饮功能,为消费者提供了在线点单服务。消费者不用下载APP,只要轻轻一点链接,就可以下单消费,吃到熟悉放心的美食。

微页营销。"臻食荟"使用掌贝微页营销功能,挂靠各美食品牌的在线商城,大大方便了消费者在线选购。不仅提高了品牌曝光度,还进行了有效的线上导流,帮助商户实现了交易额的增长。

时代在变,实体店也需因时而变。如今,实体店早就过了靠天吃饭、坐店等客的时代,只有使用前沿的技术工具,才能不断提升服务效率、拓宽销售渠道、优化营销效果。而智慧店铺的出现,正好满足了这一需要。

智慧店铺是O2O发展到了一定阶段的产物,由掌贝最先提出。掌贝作为智慧店铺的提出者、践行者,一直努力为商户实现一体化管理、精准营销和数据沉淀,是未来店铺的全业务O2O平台。

所谓智慧店铺,是指融合(有机整合)大数据、硬件配给和智能软件并通过CRM实现店铺互联网化、电子化、数据化的消费管理与营销服务平台,核心是彻底解决商户与消费者交易管理的问题,具体如图2-1所示。

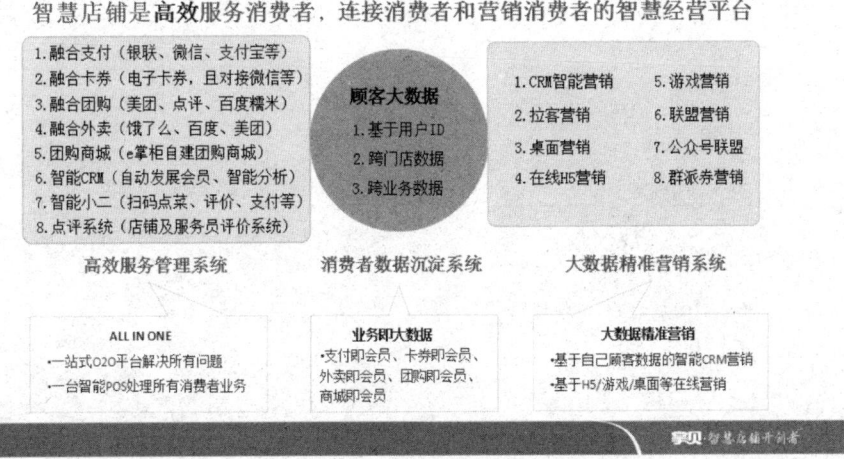

图2-1 智慧店铺关系图

智慧店铺——实体门店的未来

消费者在出门购物的时候,手机会依据消费者的行为习惯依靠 LBS 位置信息收到消费者推送的信息。进入店铺后,只要使用微信连接店铺 WIFI,利用微信的公众号推送或摇一摇,就可以获得消费者的促销信息及优惠券。购买后,通过移动消费者端支付,优惠券一并核销……等等。其实,该场景就是一个相对完整的智慧店铺服务场景。

现在,越来越多的实体店都在使用这种方式。移动智能技术的应用,不仅能给实体店提供大量的可能与机会,构建智慧的店铺或许还能成为传统零售新的发展动力。同时,还能让消费者享受到便利和体贴的服务,有针对性地提高消费者的购买欲望。

智慧店铺是服务行业产业链的扩展,O2O 需要先从营销层面展开,之后慢慢做到线上线下资源的有效整合。

无所不在的智慧店铺，构建了新型的"关系"和"链接"

移动互联网时代，最常提起两个关键词，一是"关系"，二是"链接"。比如，珠宝零售。珠宝零售其实就是要最大限度地连接消费者，创造"人流量"。对于实体店来说，人流量是重中之重。商业的本质其实就是交换，而支撑交换的就是人流量。

杭州水艺江南国际大酒店（以下简称水艺江南）是一座按照五星级标准建造的综合性高端酒店，位于京杭大运河的黄金地段，地理条件优越、交通便利、配套齐全。面对不断增加的业务需求，以及周边的竞争压力，水艺江南引进了智慧店铺，以移动支付为切入点，开辟了店内多元化O2O场景，更好地实现了店内管理、消费者维系和业绩增长。

在线营销。使用智慧店铺系统后，水艺江南不仅将使用移动支付的消费者导入到线上公众号，还通过持续的公众号运营形成了消费者沉淀。结果，粉丝量增长21倍，而且新增粉丝质量极高。海量高质的粉丝群体，为水艺江南的二次营销奠定了强有力的基础。

智慧店铺——实体门店的未来

优惠券派发。水艺江南内部配套设施非常完善，集沐浴、健身、餐饮、住宿、娱乐休闲、棋牌演艺、足浴保健、理疗养生于一体。同时，通过智慧店铺在线后台制作优惠券并大量派发应用，还大大降低了各个设施的空置率。比如，天热时，消费者对浴场的需求减少，水艺江南制作了60元浴场代金券，通过支付、店内等渠道现场派发了2500张，一周便引来客人1500人次，不仅提升了浴场的利用效率，还为店内其他设施应用带来了客流。

会员建设。掌贝可以通过支付吸粉和实体会员卡导入，快速构建起会员体系，继而通过微信在线营销、积分运营、会员折扣等多种方式完善会员建设。水艺江南使用掌贝会员体系后，会员卡的使用率比传统实体会员卡的使用率提升70%，同时会员到店消费人数增加17%，总订单数比原来增加20%，消费黏性进一步增强。

优化经营。在掌贝的帮助下，水艺江南提升了支付体验，只要花费很少的成本和环节就可以接触到消费者；同时，以更有效的方式进行运作，为酒店导入了客流、提升了消费者黏性。

移动互联网时代，O2O模式下的实体店，依靠实体店位置吸引来的自然客流量还远远不够，一定要借助线上线下的各种手段制造自己的客流量，比如：增加链接入口。

事实证明，智慧店铺是客户最希望的模式，那么未来的智慧店铺的好处都有哪些呢？

1. 消费者能够"多入口"链接实体店

可以想象这样一个场景：一天，朋友通过微信群或QQ群发给你一个礼盒，

第二章 智慧店铺从童话故事变成现实

打开一看居然是条"珍珠项链",你一定会感到非常惊喜。只要关注某珠宝专卖店的微店或微商城,就可以领取项链。在这个过程中,你得到了礼品,而商家则跟你进行了链接。

再如,在电影院大片上映前,大屏幕播出几条广告,比如:"各位美女帅哥,拿出手机扫屏幕上的二维码就可以送现金。"在等待电影开播的这几分钟里,相信很多人都会拿起手机顺手扫一扫屏幕上的二维码。链接到商家的微店,便可以获得面值不等的黄金珠宝代金券和电影票。

设计各式各样的应用场景,可以吸引消费者心甘情愿地与实体店进行链接,引导消费者进入实体店。那么,消费者怎样才能便捷地"链接"实体店呢?需要"多入口"。这些入口一般就是:智能手机上的那些社交软件与各类应用软件,比如,微信、QQ、点评网、美图秀秀、游戏软件等。或者客户本身及其他场所的二维码,也可能是京东、天猫等电商平台。

2. 智能互动,增强体验感

只要实体店与消费者进行了链接,不管线上还是线下,实体店都会想办法与之进行智能互动,增强消费者的体验感。为了增加互动性,增强消费者的体验感,可以采取以下两种方法:

(1)即时互动。产品与服务的便捷体验。比如,消费者刚在卖家那里完成了下单,便弹出一个提示"到店自取"还是"快递"。选择"到店自取",卖家会自动依据消费者的地理位置,告诉他最近的实体店在什么位置,并告诉他如何到达。当消费者到店取货或选购产品时,专业导购员还可以借助专业的工具让他体验到商品的魅力。

智慧店铺——实体门店的未来

（2）社群体验。可以让消费者拥有一种身份的归属感与参与感。消费者完成了选购，便可以进入卖家特定的消费者社群平台。在这里，他能够找到志同道合的朋友，畅快地沟通与交流，比如游戏、亲子、家教、摄影、旅游等。卖家是这个社群的组织者，为消费者提供交流互动的平台。这个平台既是粉丝聚集地，也是卖家积累挖掘消费者数据的有效平台。

第二章 智慧店铺从童话故事变成现实望

插上互联网翅膀,实体店铺也能在天空飞翔

这是一个互联网盛行的时代,为了获得快速发展,各实体店都摩拳擦掌,都将互联网当作一项营销工具。实体店的运作并不是孤立的,也不能将自己撇在潮流之外,必须跟互联网充分结合起来,而引进智慧店铺就是一种有效可行的好方法。

乐家乐位于深圳宝安区,主要致力于为周边居民提供百货便利,在消费者中有着非常不错的口碑。可是,乐家乐附近不仅有大型商场,还有很多小型便利店,再加上电子购物对实体店的负面影响,乐家乐也是举步维艰。为了顺应时代趋势,乐家乐积极引入智慧店铺系统:

使用网络新工具。乐家乐知道,年轻一代的消费者经历了移动互联网的整个发展历程,习惯使用网络。于是,便通过微信公众号为消费者提供了WIFI免费上网服务,不仅提升了消费者满意度,还为自己的微信公众号积累了大量粉丝,为后续营销打下基础。

派发电子会员卡。线下消费者成为乐家乐的线上粉丝后,可以简单快捷地

智慧店铺——实体门店的未来

领取乐家乐的在线会员卡，只要成功"激活"，便可以获得现金和积分，会员卡激活率超过60%。为了鼓励消费者充值，乐家乐还推出了"充值送现金"活动，大家踊跃参加，充值次数累计上万。资金大量回笼，不仅给乐家乐提供了充裕的现金流，还让它提前锁定了海量消费者。

在线营销。依托微信公众号，乐家乐通过推送文章获得了粉丝青睐；同时，其还在文章中嵌入品牌和产品信息，引导粉丝线下消费。此外，乐家乐还利用智慧店铺后台配置了个性化的在线抽奖游戏"刮刮卡"。通过公众号的文章推送，粉丝纷纷参与抽奖，实现了品牌和营收的双赢。

在互动营销中，互动的双方是商户与消费者。唯有抓住彼此相同的利益点，找到巧妙的沟通时机与方法，方可将双方紧密地结合起来。

互联网时代，我们都无法逃脱互联网对个人的影响，而互联网确实能够给实体店带来很多便利。因此，一定要将互联网融合到实体店的经营中。当然，给消费者插上互联网的翅膀，更强调的是双方都应该采取一种共同的行为。那么，如何用智慧店铺带动消费者呢？

1. 以更高效的方式为消费者提供便利

处于互联网高速发展的时代，不论是出行，还是购物，亦或日常生活，都可以感受到互联网对生活的改变。早上出门，预约好的专车司机已经在一旁等候；晚上下班，有晚餐送到门口；去商场购物，只用一部手机就可以解决所有的支付问题，互联网让我们的生活变得更加轻松、和谐，充满智慧。

与人们的生活息息相关的便利店、超市的体验方式更是十分重要。不论是微信支付，还是支付宝、融合支付都可以顺应消费者需求，让消费者随心所欲。移动支付不单单会使实体店获得消费者信息及消费记录，为后

续的营销与个性化服务的强化奠定基础,更是实体店转型的主要入口。

2. 利用消费数据,准确定位目标消费者

随着商品品类的逐渐丰富,服务种类的挑选便成了消费者最需要花费时间与精力的事情。怎样从服务的海洋里,帮助消费者找到自己最需要的?首先就是了解消费者的需求,知道他们究竟需要什么。具体方法有二:其一借助智慧店铺的消费数据分析,商户就可以快速准确地为消费者传递信息;其二通过个性化及专业化的选购推荐,就可以帮助他们高效地找到适合自己的商品。

让信息以最快的速度传递到消费者那里,对于过去的实体店来说,是无法办到的。可是,在移动互联网时代,智慧店铺的出现让这个问题变得不再是难题。只要经过简单的操作,就可以将日常的服务信息快速有效地传递给消费者。

智慧店铺提供的消费者消费数据分析,可以帮助商户了解目标消费者的偏好,加强消费者的黏性,更稳地"抓住"消费者,既简单又便捷。

智慧店铺——实体门店的未来

 **实体店必然会走向大一统**

大一统,就是实体店的未来。

生活工作之余,很多人都喜欢吃零食等休闲食品。可是,食品的需求频次多而单次需求量少,因此单次消费金额较低而消费频次较高。为了创新营销方式和培养消费者忠诚,宜春座上客以实体店为信用和经营依托,通过智慧店铺打通了线上线下资源,实现了零食O2O。

支付吸粉。通过系统提供的扫码支付,宜春座上客不断地将客户转化为微信公众号粉丝和电子会员,大大减少了商户和消费者掏钱找零的麻烦。这一举措,成功地将线下消费者转移到了线上,为后续的营销推广奠定了基础。

微信商城。宜春座上客快速配置了零食微商城,消费者可以进行线上选购,座上客会在线下快速配送,让消费者有求必应。几乎没花任何成本,商城交易无需佣金,效果不错。

卡券、抽奖。宜春座上客通过智慧店铺平台在微信公众号上派发优惠券,实现了几乎零成本的产品推介和消费者互动。同时,还在每周的固定时间利用平台的营销工具(幸运九宫格)开设抽奖活动,引导消费者随机抽取5元、10元、15元代金券,如果消费者微信转发活动,还会额外获得抽奖机会。如此,众多

消费者都获得了优惠券,纷纷来店。

深度绑定。粉丝关注宜春座上客微信公众号后,便可以在线领取电子会员卡,进行充值。消费者激活会员卡并将会员卡同步到卡包,在店内直接使用微信支付,便可以自动计算会员积分和会员折扣,简单,便捷。

宜春座上客用自己的成功经验告诉我们,智慧店铺确实是一种有效可行的实体店经营方式。

必然会出现大一统的局面,我们有理由相信,智慧店铺的出现,必然会使实体店走向大一统,必然会迎来一波实体零售店的"开店热潮"。

一、店铺大预测:未来实体店模式会是一个什么情况

未来实体店模式必然会出现重大改变,这里我们就来做个简单预测:

1. 重组购物空间,从"产品思维"变为"消费者思维"

关于这一点,主要体现在三个方面:

(1)围绕"极致单品"做更多的营销。自从小米提出了"极致"的口号之后,众多企业纷纷响应,也在"极致"上下工夫,同时还取得了不错的成绩。"极致"的口号愈演愈烈,终将成为各企业营销的一大法宝。

在日本东京新宿有家"AKOMEYA TOKYO"(即"米屋"),主要经营大米及其副产品,店内有餐厅、书吧,还有与"米"相关的食品、工艺品、电饭煲,还会不时地举办互动沙龙。实体店内,不同的主题,经营的产品也不同。AKOMEYA TOKYO会定期设置一些以"体验"为主的活动,比如,会员聚会、手绘聚会、吃喝玩乐聚会等,运用不同种类的活动和研讨会,带动店内消费体验。

(2)"实体店+"多业态/品牌/体验。"实体店+"为实体店的发展创造了更多的契机,多业态、品牌、体验。将众多元素与实体店融合到一起的时候,实体店必然会爆发出新的生命力。

智慧店铺——实体门店的未来

言几又是一家想象力与创造力并存的创意生活体验一体店，融合了多元素的设计空间，成为了目前最具代表性的时尚品牌。其从"书店"的大模式中跳脱出来，意在打造"小型文化综合体"。除了"书店+咖啡+创意市集"外，还尝试引进了进口超市、照相馆、花艺、服饰、美发店、餐饮等业态，在模式上力求盈利。言几又的图书销售占总销售的40%，茑屋及诚品的比例大约在20%，言几又的策略就是通过增加品牌的丰富度来提高客单价。

（3）旗舰店为消费者提供多元的产品接触点。关于"旗舰店"，简单的理解就是，城市中心店或地区中心店，通常都被设置在某地区的繁华地段，规模最大，同类产品最全，装修最豪华。旗舰店的一个作用就是，可以为消费者提供多元化的产品接触点。比如：乐高。

乐高在伦敦的莱斯特广场开了一家最新旗舰店。这家两层楼的店面是乐高在全球最大的实体体验店，整体建筑按原物比例，用637903块砖搭建，仿伦敦地铁车厢及6米高的大本钟。

实体店利用马赛克肖像系统为消费者提供了独一无二的体验。消费者只要在照相亭里照相，就可以自动生成一本人马赛克脸部模型。获得实体模型后，就能够用乐高的积木来搭建属于自己独一无二的画像。如此，不仅有利于产品的展示，也为人们提供了一个直接观看并直接感受模型与美妙建筑的沉浸式体验，为消费者提供了差异化的产品接触点。

2. 看脸的时代，高颜值能够率先获得消费者的关注

如今，入门都重视颜值，不管到任何地方，首先都要看看当地的景观如何、外形怎样。因此，只要积极打造外形和样式，就可以获得消费者的关注。在这方面，Bur bu car Car Wash 做得就比较好。

西班牙马德里 Bur bu car Car Wash 占据840 ㎡的空间，与寻常洗车店形

象大相径庭,一眼望过去,满目的澄澈透亮的蓝色,非常抢眼。这里随意摆放着很多盆绿植,给这一大片蓝色增加了众多视觉趣味。为了满足洗车车主的需要,店中还设有专门的等候室消费者还可以直接观看整个洗车过程。

二、未来实体店的样子

实体店需要场地、人工、装修、空调;网店24小时营业,不仅方便快捷,产品的成本低售价更低、选择范围更广。数据显示,全球网购的营业额在2014年底就已经突破了1.3万亿美元,比2013年同期增加了22%。线下体验、线上购物的模式正式迈入到新阶段。

2020年的实体店将会是什么样?我们可以做出五大预测:

1. 实体店将进入展示厅时代

未来,实体店会成为像博物馆那样的存在,消费者将成为参观者,在实体店,消费者可以发现、学习、欣赏及体验商品。同时,商品上的传感器也将连接到消费者手机上,消费者喜欢什么类型的产品、对什么产品兴趣比较大、在哪些产品面前驻足停留的时间比较长,都会被推送给实体店;然后,消费者就可以直接下单。也许当消费者到家的时候,货物就已等在家门口了。

2. 实体店会广泛使用分析工具

电商的优势在于数据分析,他们能够通过大数据了解到消费者的喜好和习惯,从而有针对性地去争取消费者。到了2020年,线下实体店也许会广泛地使用各种分析工具。

3. 支付与交易将完全透明化

移动支付的模式将得到大规模的普及,智能手机、智能手表、智能手环等也会逐渐成为普遍支付的平台。比如,星巴克推出的移动支付APP,消费者在到达实体店之前就可以提前预订并支付饮料钱。

智慧店铺——实体门店的未来

4. 传感技术将得到最大的扩展

未来的实体店将更为关注消费者的情绪和感受。消费者对于产品的陈列、标志,以及和销售人员之间的互动,甚至对店内的音乐、店内的气味等细节,都会认真记录和分析。

5. 科技将助力销售人员

实体店大部分设备都将自动化,例如,互动导览图或是传感器推送信息到消费者的手机。销售人员是不可能被取代的,他们将会有更多精力维护消费者,与消费者建立稳定良好的关系。

第三章 / 智慧店铺的切入点在哪里

智慧店铺——实体门店的未来

市场培育：智慧店铺普及的关键

如今大多数线下实体店仅在意商品销售和库存的数据，还没有意识到"消费者数据"概念的重要性。不过，随着电商的发展，很多实体店也已经意识到需要打破常规，开始慢慢主动接近消费者；一些实体店也开始提倡数字化的营销理念，将重心逐渐转移到了数据信息的优化上面。

美发是一个低频大额消费行业，消费者较为分散，铺设大规模广告或开设过多实体店，性价比都很低，如何才能为实体店导入足够的人流？

瞄瞄美发是一家以发型设计为主导、将美发与配套服务结合在一起的连锁机构，集设计、开发、培训于一体。作为一家定位高端的美发品牌，瞄瞄美发在场景设计与气氛营造、技术工艺和美发体验方面独出心裁。可是，美发消费较为低频，人流量不足，无法与优质消费者建立密切的关联。智慧店铺的出现，为瞄瞄美发的O2O经营打开了大门。

总店先行试点。为了积累智慧店铺的使用经验，并导入前期粉丝，瞄瞄美发在总部实体店先试用，并推出了"满40送10、满100送15、满200送20"等优惠活动。活动第一天，便吸引了众人的参与；通过微信支付，公众号的粉丝净增100多人，取得了理想的效果。

第三章 智慧店铺的切入点在哪里

电子卡券上阵。总部实体店成功试点后，瞄瞄美发开始普及智慧店铺。管理人员通过在线系统设置了支付即派卡券，消费者在店内消费到一定数额并进行微信支付，便可以自动关注瞄瞄美发公众号并领取电子卡券。瞄瞄美发用优质的美发体验给消费者留下了深刻印象，通过微信卡包上的友好品牌"提醒"和消费优惠，引导消费者更快地回到店内消费。活动开展仅半个月，瞄瞄美发卡券核销率就达到21%，平均各实体店成交单数增长17%。

使用更多功能。通过智慧店铺，瞄瞄美发实体店与优质消费者建立了强关联；将线下消费者导入到线上，大大减少了优质消费者的流失。同时，在卡券等营销手段的作用下，又将线上粉丝转化成了线下消费者，完美地实现了线上线下的交流互动，取得了比团购好得多的引流效果。

智慧店铺的解决方案，最主要的任务就是帮助商户清楚地知道消费者数据的重要性；帮助商户部署这些系统，完善数据分析方法与模型。

当然，要想让"智慧店铺"概念落实，必须先上一套智能设备。其实，实体商户特别是大型连锁商户，每年都有自己对应的IT预算支出，只不过没有取得实际效果，很难说服促使其主动应用。对于商户来说，智慧店铺提供的解决方案确实是一个相当不错的概念，只要率先铺设应用场景且培养起消费者习惯，便可以快速抢占先机。

1. "热地图"——记录你的逛店轨迹

在互联网时代，只要有网络，有WIFI，随时随地都能和这个世界接轨，所以"蹭"一把免费WIFI，便变成了如今最流行的事情，因此逛街时许多人总会习惯性地问实体店有没有WIFI。可是很多人不知道的是，在自己享受免费网络的时候，实体店会通过他连接的WIFI了解并搜集到他的行动轨迹。这就是"热地图"的技术：只要消费者进入实体店，只要使用实体店的WIFI，他们的行动

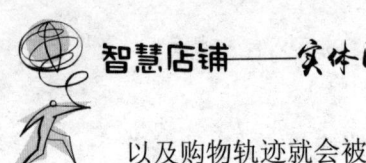

以及购物轨迹就会被记录下来。

2. 实体店 APP 上线，精准推送邻近实体店信息

如今，为了方便消费者购物，很多实体店都上线了自己的 APP。消费者只要下载到手机上，就可以适时在手机上购物下单，方便快捷。

宝宝超市 APP，是一款关于儿童教育的应用，隶属于宝宝巴士。其模拟了真实的超市场景，孩子们可以根据自己的喜好享受服务体验。根据消费者所在位置，宝宝超市会向他们推送距离他们最近的实体店活动信息，实现精准营销，为消费者节省了时间，带来了便利。

3. "微营销"为饭店"套牢"吃货

提到"微营销"，相信很多人都会想到微博营销、微信营销……，这里我们的"微营销"指的就是微信营销。如今，只要使用的是智能手机，大多数人都会装有微信，微信的使用者多达数亿。因此，完全可以引导商户将微信充分利用起来，扩大自己的客户群。

南京百纳实业有限公司是当地杰出的餐饮管理品牌，2016 年旗下 7 个品牌的所有实体店都上线了微信，通过微信营销的方式，仅用了短短的几个月时间，就积累了大量人气。2016 年 2 月微信会员共有 4000 多位，到 10 月涨了将近 10 倍，已经达到 3.4 万。

在"文泉记"，食客只要关注微信就可以成为会员，享受折扣。消费者关注了该微信号，进入页面后发现，这张电子会员卡实际上是在帮百纳旗下的 7 个品牌店做推销，到任何一家店吃饭都可以享受到特价菜及送饮料的福利。最让消费者感到诧异的是，在"文泉记"吃饭，送的却是另家店"锅比盆大"的优惠券。

第三章 智慧店铺的切入点在哪里

这样的方式，绝不仅仅是促销这么简单，其背后的"大数据"才是最重要的。在大数据时代，完全可以对各种渠道得来的海量数据进行细分，为消费者提供个性化服务。例如，如果消费者消费后 30 天都没有再光顾，就可以积极地与他互动，给他发送一些活动信息、优惠信息，或者直接送他一些抵用券。

智慧店铺——实体门店的未来

@ 用效益说话：有效益，才会有动力

移动互联网的发展在一定程度上消除了买卖双方的信息不对称，让消费者和实体店实现了直接联系。消费者可以通过大平台的位置定位与服务（Location Based Service，简称LBS），了解到实体店的商品和服务，通过比较，选择自己喜欢的服务体验和消费体验。由此出发，为了将附近的消费者吸引过来，实体店完全可以引导消费者使用类似技术。

为了吸引消费者，绍兴市金迪银泰城（以下简称金迪银泰）引进了智慧店铺，别开生面地使用了类似LBS的iBeacon技术，通过"微信摇一摇周边"吸引了附近的客流，首次试水智慧商圈便大获成功。

抛出百万红包。金迪银泰引进智慧店铺后，开启了"微信支付体验周，百万红包等你来摇"的盛大活动。在活动期间，消费者只要在金迪银泰附近使用微信摇一摇，就可以参与活动，随机刮出各种代金券。在这个过程中，智慧店铺平台为活动提供了卡券配置、卡券核销、支付结算和后台效果统计等功能支持。

开展卡券营销。金迪银泰的24家商户都参与了微信卡券活动，活动让利达百万。消费者在商城附近使用摇一摇功能抽取10元、20元、30元、50元的

第三章 智慧店铺的切入点在哪里

代金券或礼品券,就可以在各商家核销。独特而有趣的卡券促销体验,与快速便捷的卡券核销相结合,在卡券核销上玩出了新高度。

金迪银泰试水智慧商圈的活动在当地引起轰动,在两天的时间里,参与人数和对应公众号粉丝增长量就超过1万,摇一摇的次数更是达到20多万次,取得了不可估量的品牌效应,营业收入增长惊人。

大浪淘沙不进则退。在互联网的汹涌大潮下,各实体店难免受到种种影响,只有拥抱互联网的变化、接受新的技术和管理方法,才能在变革中取得一席之地。

如今,很多实体店都习惯通过主观的商户销售业绩增长或下滑而对其做定论,根本不会分析出其背后的原因。金迪银泰城试水智慧商圈并大获成功,对传统实体店经营者有着极大的借鉴意义。当然除了上面的金迪银泰,北京朝阳大悦城也使用了这种方法,其与众不同的地方就在于:通过大量的数据分析,不仅可以看到表面现象,还可以看到现象背后深层次的原因,然后对症下药采取措施。

通过独具特色的数据分析模型,可以得到很多数据,比如:年度销售热点商品是哪些?最适合消费者的商品是哪些?消费者对商户的投诉情况怎么样?消费者在这家实体店的交易次数如何?等等。有了这些数据,实体店就可以进行反思,继而找到自己的发展瓶颈。

如今,众多实体店做客流统计系统的招标时,都会对入围产品的准确率进行评测比较。而且值得一提的是,准确率如今已不是评判方案优劣的唯一标准(准确率只要超过90%就可以),更加关注对数据的有效利用——投入必须有对应的产出。

对于大型超市、酒店、连锁店面等实体店来说,研究客流量的数据与规律,

 智慧店铺——实体门店的未来

针对消费者的流量、数量、密度、轨迹等进行智能检测和统计，就可以分析出人流在特定时刻的通道流入状况、分布现状、消费者属性、流动规律等关键因素，为实体店的信息数据中心或经营决策层提供详细具体的商业客流统计数据，继而大大提高销售机会，最大限度地挖掘出实体店的销售潜力及利润。例如：运用客流数据可以合理地安排人员调配，提高消费者满意度及销售额；依据消费者的行动轨迹及店铺热区、商品热度分析，还可以合理地搭配产品及服务。

第三章 智慧店铺的切入点在哪里

 **建立数据库：有了数据，好办事**

这些年，实体店实行的基本上都是联营模式，将实体店定位在品牌管理、品类组合等方面，对商品及服务的管理也只是蜻蜓点水，商品力逐渐弱化，无法完全掌握商品信息。那么，实体店如何引导客户进行商品或服务管理呢？建立数据库呢？

经过一段时间的销售，商户掌握了一定的数据，就可以知道消费者是否喜欢自己提供的服务，如此不仅可以满足消费者的需求，还能节约商户的调配货成本，逐渐提高销售额。

华莱士是中国本土最大的西式快餐连锁企业，主要经营汉堡、炸鸡、薯条等产品，深得广大消费者青睐，在全国拥有数千家连锁店。为了提升店内管理效率、对接线上线下资源，华莱士认识并接入了智慧餐厅。从2016年6月下旬起，四川的10家华莱士实体店纷纷上线智慧餐厅，率先开启了餐饮店互联网化之路。

一机融合所有支付。智慧餐厅为华莱士提供了一体化的互联网解决方案，通过智慧餐厅，华莱士完美地对接支付宝、微信支付、银联刷卡等多种支付方式，避免了收银员在多种支付设备上的往返操作；管理者还可以在智慧餐厅云平台查询、统计、分析和导出所有支付记录与支付图表，大大提升了账单统计效率。

智慧店铺——实体门店的未来

一键完成店内服务。华莱士将智慧餐厅的"智能小二"以桌牌、桌贴等形式放在餐桌上,消费者只要拿出手机扫一扫,就能轻松进入餐厅服务智能系统。通过智能小二,消费者便可以利用自己的手机一键点餐、埋单、呼叫服务员、获取电子优惠券、绑定电子会员、连接WIFI、在线评价、体验互动小游戏等。大大减少了消费者排队、埋单时间,赢得了消费者好评。

实时监控经营。智慧餐厅云平台会将实体店与消费者交互的所有行文记录下来,帮助华莱士实时监控经营状况和营销成效。掌握了这些经营数据,华莱士就可以更好地制定营销经营策略了。

最终,在智慧餐厅的帮助下,华莱士实现了预期的四大目标:整合店内支付方式,方便统计对账;提升店内服务效率,方便顾客用餐;整合线上线下资源,增加总体客流;精准掌控消费数据,有效监控经营。

如今,众多实体店都已经建立了属于自己的会员管理体系。但从整体上来看,已经发展了十多年的实体店,会员的总量也只有十几万名,且活跃率不高;会员管理只停留在会员招募及信息收集上,会员数量也不具规模;会员服务功能,大多体现在商品折扣及积分优惠上,对会员数据的深层次挖掘及后续开发应用做得还非常不够。因此,在会员管理上,各实体店的数字化程度还需加大力度。

1. 全会员入口

针对经常到实体店交易的消费者,应让他们成为基础会员;也可以借助微信会员、第三方会员、实体店APP会员等系统,收集整理大量的消费者信息。之后,通过营业员、客服人员及收银员等岗位的培训与引导,不断扩充线下的会员数量。只要掌握了足够的会员信息,就能为会员提供针对性的服务了。

第三章 智慧店铺的切入点在哪里

 **建立数据库：有了数据，好办事**

这些年，实体店实行的基本上都是联营模式，将实体店定位在品牌管理、品类组合等方面，对商品及服务的管理也只是蜻蜓点水，商品力逐渐弱化，无法完全掌握商品信息。那么，实体店如何引导客户进行商品或服务管理呢？建立数据库呢？

经过一段时间的销售，商户掌握了一定的数据，就可以知道消费者是否喜欢自己提供的服务，如此不仅可以满足消费者的需求，还能节约商户的调配货成本，逐渐提高销售额。

华莱士是中国本土最大的西式快餐连锁企业，主要经营汉堡、炸鸡、薯条等产品，深得广大消费者青睐，在全国拥有数千家连锁店。为了提升店内管理效率、对接线上线下资源，华莱士认识并接入了智慧餐厅。从2016年6月下旬起，四川的10家华莱士实体店纷纷上线智慧餐厅，率先开启了餐饮店互联网化之路。

一机融合所有支付。智慧餐厅为华莱士提供了一体化的互联网解决方案，通过智慧餐厅，华莱士完美地对接支付宝、微信支付、银联刷卡等多种支付方式，避免了收银员在多种支付设备上的往返操作；管理者还可以在智慧餐厅云平台查询、统计、分析和导出所有支付记录与支付图表，大大提升了账单统计效率。

智慧店铺——实体门店的未来

一键完成店内服务。华莱士将智慧餐厅的"智能小二"以桌牌、桌贴等形式放在餐桌上，消费者只要拿出手机扫一扫，就能轻松进入餐厅服务智能系统。通过智能小二，消费者便可以利用自己的手机一键点餐、埋单、呼叫服务员、获取电子优惠券、绑定电子会员、连接WIFI、在线评价、体验互动小游戏等。大大减少了消费者排队、埋单时间，赢得了消费者好评。

实时监控经营。智慧餐厅云平台会将实体店与消费者交互的所有行文记录下来，帮助华莱士实时监控经营状况和营销成效。掌握了这些经营数据，华莱士就可以更好地制定营销经营策略了。

最终，在智慧餐厅的帮助下，华莱士实现了预期的四大目标：整合店内支付方式，方便统计对账；提升店内服务效率，方便顾客用餐；整合线上线下资源，增加总体客流；精准掌控消费数据，有效监控经营。

如今，众多实体店都已经建立了属于自己的会员管理体系。但从整体上来看，已经发展了十多年的实体店，会员的总量也只有十几万名，且活跃率不高；会员管理只停留在会员招募及信息收集上，会员数量也不具规模；会员服务功能，大多体现在商品折扣及积分优惠上，对会员数据的深层次挖掘及后续开发应用做得还非常不够。因此，在会员管理上，各实体店的数字化程度还需加大力度。

1. 全会员入口

针对经常到实体店交易的消费者，应让他们成为基础会员；也可以借助微信会员、第三方会员、实体店APP会员等系统，收集整理大量的消费者信息。之后，通过营业员、客服人员及收银员等岗位的培训与引导，不断扩充线下的会员数量。只要掌握了足够的会员信息，就能为会员提供针对性的服务了。

2. 会员营销

如今,多数实体店的会员营销使用的还是简单粗暴的短信沟通,比如,商品促销或生日问候等,不仅回头率低,有时候还会让会员产生抵触情绪。其实,如果想做好会员营销,我们完全可以通过以下三方面进行改善:

(1) 分类管理。对会员进行分类,既可以从居住区域、兴趣爱好、消费特征等不同角度分别建立不同的群组,也能够根据会员的活跃度分为睡眠会员、一般会员、核心会员等。

(2) 对口营销。改变之前的全员单向营销,为不同的会员,设计不同的营销策略。

(3) 双向互动。要让商户改变单向的交流方式,与消费者建立起友好的互动方式,收集消费者的诉求点和反应,吸纳有利于实体店发展的优良建议与意见;可以借助 IT、自媒体、互联网技术等手段与消费者进行沟通互动,让消费者对商户更加了解,继而提高忠诚度。

当然,商品进行数字化,要想实现理想的效果,就必须实现商品数字化。要将每个单品及每笔交易认真做好记录,并通过大数据分析,归纳出对经营有重要意义的数据,更好地开展各类营销活动。同时,还要做好思想准备、不断积累,运用科学的管理办法,从数据录入、收集、校验到统计、分析与归纳,让全部成员积极配合起来。

智慧店铺——实体门店的未来

@ 查找精准用户：明确目标，提供个性化服务

  国际零售咨询企业达曼国际之前曾发布过一个关于查找精准消费者必要性的报告，里面指出，自2015年起，全球的零售业将逐步呈现出新的发展趋势。对于实体店来说，更需要应对碎片化及精细化的营销形势，对消费者需求的关注也要逐渐变得精细。比如，4S店。只有精确地掌握再次回访的消费者信息，才能获得最高的成交率。消费者首次进店大多是因为价格，第二次进店时消费者就对4S店进行了二次选择，这是一个非常棒的销售时机。

  不同类型的实体店，需求也是不同的。要想更好地贴近消费者需求，就要在不同角色间建立一条良性的商铺管理生产链：制造商需要提供优秀设备，运营商需要提供网络运营环境，解决方案最好能搭配合理的性价比，例如，将视频监控内的客流和自身的ERP、CRM、POS及与经营相关的其他数据、信息进行综合分析，形成简明清晰的定制化报表。掌握了实时、准确、长期、动态的客流变化数据后，就可以了解消费者的喜好，为今后的管理及决策提供重要依据，直到形成一套完善合理的管理系统。

  我们有理由相信，可视化运营管理方案必然会成为线下实体店PK电商的一个秘密武器；基于管理需求、商铺营销，必然会衍生出众多的重要功能应用。例如，可以测出人流量并算出耗能量，并以此来自动调节空调、灯光等等。

第三章 智慧店铺的切入点在哪里

如今,消费者画像的精准营销已经变成实体店营销模式的必要手段。那么在经营的过程中,实体店该怎样获取消费者画像呢?怎样利用消费者的画像进行精准的商业营销呢?

2016年掌贝智慧店铺推出了一项新功能——智能CRM,如图3-1所示。通过这项功能,就可以收集并了解实体店的消费者的消费行为、消费习惯、消费能力、消费偏好等相关数据,快速锁定目标消费者并挖掘出消费者需求,让营销方向变得更精准,让效益得到大幅度提升。

图3-1 智能CRM示意图

做精准营销时很多实体店都会走进两个误区:第一,不了解消费者的需求,盲目地进行营销;第二,不重视消费者行为,只是凭借基本的社会属性来对消费者进行定义。掌贝的智能CRM功能,不仅可以帮助实体店获得消费者的个人基本信息,如昵称、性别、手机号等,还可以通过消费者的标签化管理功能,对消费者进行标签标记,更加突出消费者的个人形象,更有利于商户尽快了解消费者需求,及时地为其提供更为精准的个性化服务。

此外,该智能CRM打通了实体店已有的消费者管理数据,可以清晰地了解到消费者的积分、消费、等级、领券、余额等情况,继而快速地获取消费者

的消费详情和消费习惯。同时，还包括消费者的消费行为、消费能力、消费喜好等的数据收集与分析。例如，消费者一般喜欢在什么时间购物？喜欢买哪个牌子？每月平均消费多少？每单的均价是多少？是否喜欢用优惠券……

通过充足的消费数据分析，实体店就能快速锁定目标消费者及潜在消费者。只要抓住消费者的消费需求，并对其进行积极的引导及消费刺激，就可以轻松获得更多的销售业绩。利用消费者的消费者画像，定位目标消费者、掌握消费者的需求、挖掘消费者的消费潜力，就能够助实体店进行更合理有效的精准营销及个性化服务，为实体店带来更多的利益。

那么，消费者画像是什么呢？所谓消费者画像就是指，通过收集和分析消费者的社会属性、消费行为、生活习惯等数据，对消费者全貌进行完美的抽象绘制。简言之就是，通过数据分析，提炼出简短、精炼、特点易识别的标签语言，对消费者进行描述。

消费者画像，为实体店的精准营销提供了充分的信息基础，可以帮助实体店快速找到精准的消费者群体，并分析、挖掘出消费者的需求。了解消费者需求并推送信息，消费者的接受度也就实现了最大化，精准营销的目的也就可以轻易达成了。

任何一个商户，都希望用最小的成本获得最大的回报，消费者画像就是商户进行精准营销的策略及数据支持。离开了具体的消费者画像数据，精准营销多半都会变成空谈。

第三章 智慧店铺的切入点在哪里

有效减低成本：减少支出是增加收益的不二法门

如今，随着房价的上涨，实体店运作遇到了难题——房租太高，成本太高。仅这一项就在无形中加重了实体店的负担。

李女士的服装店开在上海的一条繁华路段上，约40平方米，年租金十七八万元。月营业税900元左右，除了大笔的支出外，还有水电费、消防费、卫生费等，一年必要的支出大概为1万元；两名店员工资，一年下来也得6万元。这样算下来，实体店一年的成本多达30万元，平均分配到每月，月成本是2万多。

店里的衣服价格定在200～1000元。按照均价400元来计算，假如一件衣服4折进货、8折出货，每个月需要卖出157件衣服，也就是说，若要保本，一天至少要卖出5件。

可以说，摆在大部分实体店面前的问题就是成本高，这是盈利路上最大的障碍。最近几年，我国流通成本持续上升，其中店铺租金与人工费用是增长最快的。

其一，从房租角度看。随着土地成本的不断攀升，实体店租金也随之以惊人的速度上涨，成为经营成本中重要的因素。大部分大型实体店及业主的租赁合同时间为 15～20 年。从 2012 年起，很多 20 世纪 90 年代签约开业的店铺租赁合同都慢慢到期，地段较好的续约租金报价几乎是原租金的一倍甚至数倍，让许多实体店不堪重负，被迫退出租赁。

其二，从人力成本看。实体店与网店相比，最大的费用是人力资源成本。最近几年，多数企业都提升了员工薪酬，同时相关劳务外购费用、原材料价格、交通费用、管理费用也一路攀升。

那么，实体店怎样才可以彻底改变这种现象呢？减少店铺的运营成本。智慧店铺的本质，就是帮助实体店铺减少无谓投入、实现人力、财力的效益最大化，在同样付出的情况下，获取更高的回报。

当然，为了帮助实体店有效减少成本，还可以采用下面一些方法：

1. 错时排班

管理过实体店的人都知道，在一天的时间里，从开门营业到关门下班，并不是每个时间段都会有很多消费者，很多时间段是客流低点。按高峰时段配备员工，员工就会过多；按客流低点配备员工，高峰时人员就不够。所以，需要引导商户分析客流数据，推测评估一天内的客流情况，根据具体的情况，合理地安排上班人员。

2. 改善系统

如果想解放人力，完全可以引导商户将部分可以用系统代替的工作分配到系统中。例如，订单的采集。现在很多实体店依旧采用人工订单，这样就占

用了员工大量的时间与精力，改为系统订单，就可以根据历史数据及库存周转的要求预测定量了，不仅可以减少工作量，还可以减少人为等因素对其产生的干扰。

3. 精准订货

订货不准确，便会造成积压库存、占用资金的严重后果，严重者还会因为缺货而影响最终的售卖。无计划地订货，就会不断出现库存问题，比如：畅销品缺货、滞销品积压严重。其实，这些问题的出现，主要是因为订货环节出了问题。只要引导商户建立起完善科学的订货系统，合理订货，就可以节省资金，减少对库存的占用，避免许多不必要的麻烦。

4. 办公费用的节省

如果想帮助商户节省开销，装修办公室的时候，就要让他们能简则简，甚至可以将办公区移至郊区或搬离繁华地区，之后将节省下来的钱投入到实体店的装修中。此外，办公用品也是一种隐形浪费，如果管理不严格，积少成多，也会成为一笔不容小觑的管理费。

第四章 / 智慧店铺的智慧做法必是连接

消费连接：为消费者提供便利的支付方式

一、消费连接

"连接"是最近一段时间的热点词汇，腾讯的创始人马化腾曾表示："互联网的未来是连接一切。"在互联网的大背景下，实体店经营必须要重视"连接"。

达州月湖狂欢谷（以下简称月湖狂）位于四川省达州市，是当地的重点旅游开发项目之一。

随着移动互联网时代的到来，月湖狂也迫切需要应用移动互联网技术来提升服务效率，改善游客体验。2016年月湖狂欢谷引进智慧平台，创建了四川地区首个智慧景区。经过一段时间的测试运营，掌贝提供的智慧景区解决方案让月湖狂欢谷在沉淀消费者、优化消费者消费体验等方面大大改善。

电子优惠券。在测试运营阶段，月湖狂欢谷将智慧平台配置的电子优惠券作为景区门票挂靠在品牌公众号上，游客只要关注公众号，便可以在线自助购买；服务员使用掌贝硬件扫码，便能够快速核销电子门票，大大减轻了工作人员的工作量、节省人力物力。

优化体验。消费者可以通过电子门票实现在线自助购买,免去了排队购票之苦,节省了大量时间。同时,只要关注月湖狂欢谷公众号,消费者在游玩时便可以得到更全面、更准确的游玩指引,获得最佳的游玩体验。

消费者沉淀。在月湖狂欢谷景区入口处,张贴着品牌公众号二维码,游客可以通过公众号自助购票,吸引了大量优质游客,让品牌公众号粉丝实现了量级增长。大量的粉丝积累,为月湖狂欢谷接下来的营销活动提供坚实的消费者基础。

实时监控。通过智慧平台,管理者可以通过查看电子门票的核销数据等方式,准确评估景区的客流峰值。客流较大,则及时疏导;客流较少,则加强引流。同时,还能掌握景区七天乃至更长时间的客流趋势,为景区经营策略优化提供依据。

"连接客户"是现代商业中非常关键的一个环节。面对激烈的市场竞争,唯有关注并了解消费者需求,清楚地了解消费者喜欢什么、想要什么,才可以推出契合消费者需求的产品与服务。而要深入洞察消费者的诉求,就必须建立其与消费者沟通的渠道。

另一方面,如今O2O是实体店的发展方向,然而在O2O环节中最重要的依然是连接消费者。只有连接了消费者,才可能与消费者进行线上线下的互动,完成相互导流。由此,连接消费者,也就成了实体店最值得关注的问题。

其实,在过去也曾出现过实体店连接消费者的渠道,如会员制度、实体店调查等。在移动互联网高速发展的如今,怎样才能与消费者连接、获得充足的流量呢?智能收银一体机的出现,顺应了移动互联网的潮流,是专为B端商家打造的互联网式的服务平台,不仅能够帮助实体店连接消费者,还可以在后续的营销与服务中不断地强化这种关联。

二、第三方支付

支付,其实就是消费连接。

支付是实体店和消费者交汇的高频接口,智能收银机可以从这里切入到消费环节。通过智能收银机收款,实体店就可以使消费者自动关注其公众号,并通过这个形式使得商家和消费者产生联系;同时,还会对其电子消费进行记录,帮助实体店标识消费者。建立起关联并进行信息数据采集,就可以为接下来的营销与服务奠定基础。

从2015年开始,使用第三方支付的人数逐渐增多。微信支付从最开始开通到现在,只有短短的几年时间,但是却已经突破百亿的支付次数。如今,第三方支付已经成了人们智慧生活的重要组成部分。下班的路上,人们就能够在家门口的商店订购晚餐食材,再也不用下班后跑到很远的超市买食材了。其实,这就是智慧生活的一种表现。

第三方支付进驻实体店,可以使消费者更加方便、贴心,智能购物必然会成为人们生活中不可缺少的环节。只要通过这样的一次支付,就能得到一个数字化消费者,就可以了解到消费者的性别、个人习惯、地理位置等信息,就能累积许多营销账户。而掌握精准营销账户,又是打造服务体系的基础。

第三方支付还可以让更多人了解商户的服务项目。第三方支付将商户与消费者联系起来,每位消费者都能成为商户的一个独立媒体。

为了帮助商户打赢移动支付这场大战,掌贝智慧店铺对系统及数据后台进行了定期升级,特别是智能小二、会员卡券等营销功能更大大地提升了商户的营销能力,促进了消费者的二次消费,提升了营业额。

营销功能1:电子会员卡

电子会员卡为商户提供了多种会员成长方式,比如,积分功能。通过积分运营手段，可以激励会员进行消费；设置充值奖励，商户可以自定义设置不同的充值金额，既可选择叠加式充值奖励，也可使用阶梯式充值奖励。同样，消费者的线下消费服务，也能够在线上积分，只要通过一张无线电子会员卡就可以完成。

同时，电子会员卡也提供积分商城、积分互动奖励、积分查询等会员基础功能，让品牌商户的会员卡风格变得多种多样。如此，便可以轻松地收买消费者的心，提升消费者的黏性和活跃度，让消费者忠于品牌。

营销功能2：卡券营销

现金券，打折券，一直都是传统营销的重要方式，不论是之前还是现在都会越来越吸引消费者。只要商户通过掌贝、微信公众号、二维码等方式投放电子卡券，消费者就可以在商户公众号中领取卡券，还可以通过微信"扫一扫"优惠券对应的二维码领取。

通过一个智慧店铺，实体店可以完成微信支付、卡券赠送、微信营销及核销等所有操作，同时自动记录下这一链条上产生的所有相关数据。如此，就可以向消费者推送优惠券或会员卡了，也就实现了二次营销的目的，便于将消费者由粉丝逐渐转化成会员。

智慧店铺——实体门店的未来

服务连接：为消费者提供卓越的服务体验

传统餐厅点菜、埋单，需要扬手叫服务员，而如今却刮起了一阵扫微信二维码桌贴的点餐风潮。餐饮业点菜餐厅借助微信二维码开启了互联网化的大门，迈入新的时代。

消费者进店后，只要扫描二维码就可以"点菜"，提交单子就可以直接下到厨房，不用服务员来确认；就餐过程中，可以随时按"呼叫服务员"按钮，直接在微信支付埋单……。餐饮点菜，通过智慧餐厅实现了全自助的点餐方案，为消费者提供了从进店、点菜、埋单、呼叫服务员等一条龙服务。

食品成本、房租和人员费用是餐厅经营中最大的三笔开支，微信自助点餐解决方案让餐厅进入智慧时代，可以为实体店节省大量的人力成本。智慧店铺不仅让消费者可以按照自己的喜好去主动做出选择，自助方式还替代了一些服务员，大大降低了实体餐饮店的人力成本。

对于人力成本平均占到总成本20%以上的餐饮业来讲，还可以大大节省人员培训和管理带来的时间成本，有效缓解每逢年关上演的"用工荒"。同时，

第四章 智慧店铺的智慧做法必是连接

由于缩短了用餐的等待时间，迎合了现代快节奏的生活方式，自然也较容易受到年轻消费群体的喜欢。其实，餐饮业里的巨头"海底捞火锅"早已在微信上设计了符合自身特色的餐饮方案。

海底捞在微信上构建了吃、看、玩等主体内容，为消费者提供了订座、会员、商城、底料购买、管理和与业务有关的游戏等全套体验，不论在店内亦或店外，客户都可以感受到海底捞认真细致的服务。同样，引入微信支付的海底捞，不仅提高了结账速度、减少了排队时间，还大大降低了现金管理风险。

智能收银机开放平台中集合了点餐、订单、排队、公众号管理等功能，甚至还能兼容立足于行业的第三方应用，比如，团购、外卖等移动应用。使用这些功能来更好地为消费者提供服务，不仅可以为消费者提供良好的消费体验，还能增强与消费者的交流与互动，让消费者与实体店的关联变得更加紧密。

智慧餐厅服务平台，就是将各业务模块统一并连接，即将点餐、外卖、支付、卡券、团购、营销等各业务模块统一并且连接在一起，通过智慧平台来实现。针对这些问题的具体解决方案是，用一套设备解决所有业务的终端需求。相同的地点、相同的时间、相同的服务员，利用一个平台与设备就可以解决很多问题，自然就可以大大提高店面及后台人员的工作效率。因此，通过这样的方式，各实体店都必然可以实现连接及数据汇通。

智慧店铺的服务连接内容如下：

1. 收付方式升级

智慧店铺的终端设备智能，不仅可以无线携带，还几乎可以兼容所有的支付方式，如刷卡POS、支付宝、微信支付、NFC支付，客户支付完毕就会直接

自动关注商户公众号、实现连接。

仅用一台设备,就可以将所有的支付方式都融合到一起,就不用将POS机、验钞机、扫码仪等都一一摆列齐全了。如此,既可以帮助商户节省空间,又能够提高消费者的消费者体验,最重要的是还可以有效地连接商户与消费者,为后续的营销活动提供消费者基础与渠道。

2. 智能店铺数据升级

智慧店铺的出现,为商户应用大数据营销提供了良机;可以记录所有的支付数据,并且帮助商户与消费者进行连接,得到消费者信息。传统实体店,消费者购买到自己心仪的商品或服务后,整个交易过程也就结束了;而智慧店铺的后台却可以将消费者的消费数据保留下来。在了解了消费者群体的属性及消费习惯后,就可以以此为依据制定出更能满足消费者需求的营销决策。

同时,活动结束后,还能积累众多的营销数据,而派发卡券的数量、参与游戏的人数、核销的情况、传播微页的情况等都可以通过后台进行了解分析,作为二次营销的参考依据。

总的来说,智慧店铺可以为线下实体店提供流水线式服务,涉及从支付到营销的全部过程,可以提升店铺的经营效率,改善商户的互联网营销水平。

第四章 智慧店铺的智慧做法必是连接

 **营销连接：线上线下一个都不能少**

生活中，我们经常会看到这样的购物场景：

周末，你与朋友一起逛街。经过一家自己喜欢的店铺，便可以收到该店铺发送来的促销信息及线上线下通用的卡券，而且此信息正好可以满足你当前的购物需求。于是，你带着朋友一同向店铺走去。

走进店内，你发现，环境和店铺装饰非常符合你的审美，店员前的双屏POS也不例外。这时，根据你的会员等级及曾经在这里购物的信息，店铺就会对你现在想要购买的商品进行预测，只要个性的LCD促销信息"叮咚"一声开启，你就可以通过扫描二维码得到想要的商品信息。最后，通过移动端支付，方便、高效、愉快地完成整个购物过程。

其实，这便是在智慧店铺的购物全部过程：进店－预测－购物。当智慧店铺包含更多智能化的时候，消费的整个过程也会变得简单便捷。

赛百味为全球最多分店的速食餐厅，经过多年发展，已经在全球的快餐市场上占据了重要地位。赛百味起源于美国，全球加盟店超过4.4万多家，遍布于80多个国家，近几年连续被美国《企业家》杂志评选为第一名的连锁加盟系统。

智慧店铺——实体门店的未来

赛百味自进军中国以来,以其快捷健康的食品风格深受年轻一代的欢迎,除了在食品风格和口味上不断地推陈出新,赛百味也努力在智慧餐饮的探索与实践上与时代接轨。

2016年,广州地区多家赛百味实体店已经接入掌贝智慧店铺,借助掌贝在手机支付、店铺管理、线上线下资源整合等方面的强大成效,赛百味在智慧餐饮的探索上大步前进,并取得惊人的实践成果。

第一步,搭建电子会员CRM,以此达到了"信息在线查看,品牌持续曝光,运营手段多样,增强消费黏性"的目的。赛百味接入掌贝后,将至少5万名会员批量导入到会员CRM,会员CRM实现了从线下实体卡到线上电子会员卡的进化。电子化的会员CRM搭建完成后,消费者就可以通过手机在线领取会员卡、在线查看会员积分、会员折扣等信息。同时,赛百味还可以实时监控会员数据,并通过积分运营、任务奖励等,增强会员消费黏性。

第二步,一机融合多种支付,以此达到了"避免多项设备之间的往返操作,减少验钞、找零等烦琐流程"的目的。作为全球快餐业巨头,赛百味当然不会错失移动支付这个风口。赛百味使用掌贝,在店内支付方面一机融合微信支付、支付宝、银联刷卡等多种支付方式,避免收银员在多项收款设备之间进行往返操作,也减少了验钞和找零等烦琐流程,既提升了收款速度,也提升了消费者的消费体验,实现了简便快捷的支付方式与便捷健康的食品风格完美搭配。

第三步,管理团购流程与数据,以此达到"一机核销主流团购券,团购数据整合分析"的目的。赛百味进驻大众点评、美团、百度糯米等团购平台,为消费者持续提供团购优惠。接入智慧餐厅后,赛百味店内收银员使用掌贝提供的智能POS硬件,就可以一机快速核销三大团购平台的团购优惠券,为团购

第四章 智慧店铺的智慧做法必是连接

消费者提供更加快捷的服务体验。其云平台还会保留所有团购券的核销记录，方便赛百味整合分析团购数据。

通过广州地区绝大多数实体店的经营实践，赛百味在智慧餐饮道路上迈出了坚实的一步。

移动智能技术的应用给实体店的发展带来更多的可能与机会，或许构建也可以成为传统实体店新的发展引擎。

如今，这种场景技术的实现已经不是什么问题，在部分地区与店铺已经成为现实。例如，美国星巴克咖啡，可以通过手机的地理位置识别，提前预估咖啡温度，在几分钟内将热咖啡送到客户手里；银泰商城则实现了此场景的部分过程，消费者利用移动设备就可以通过地理位置快速找到自己想要购买的东西并快速完成支付。

通过记录收集客户信息并加以分析，可以让消费者在实体店中得到完美的体验，给消费者留下完美的印象。只要这个印象一直存在，就能够稳稳地抓住消费者，提高成交率，最后实现销售额的增长。

一、智慧店铺的营销连接

智慧店铺的营销连接，主要体现在以下几个方面：

1. 虚实空间的实时交互主体

智慧店铺是通过线上虚拟空间及线下实体的准确对接来完成销售的，线上包含 PC 端及移动端，线下就是实体店铺。PC 端上的自建官方商城是基础，同时辅于布局第三方平台获取流量。其中，移动端 LBS 位置信息、CRM 数据库及二维码的应用才是重点工具。PC 端和移动端在线吸引的消费者，共同承担了信息的获取、支付及传播分享等功能。

2. 店外线上信息精准引客流

店外的客流主要包括两个部分：第一，线上的信息吸引，消费者看了线上信息之后不会在线完成购买，而是到实体店铺先进行体验，后再决定；第二，实体店就像是一个基站，通过定位，再借着移动端或射频技术，分辨出到达店铺附近范围内的客户，之后按照之前的购物数据进行合理分析，锁定目标受众，通过短信或二维码等方式给他们推送产品消息及促销活动，吸引他们进到店中。这样的客流吸引方式，客群抓取一般都非常准确。

3. 店内交互体验闭环促"双线"成交

消费者推门而进的那一刻，通过一些网络技术，便能全面激活实体店的触发点。从后端传来消费者的历史购买记录、VIP等级、个人喜好等相关信息一旦被传到前端的店员手里，根据前端的实际情况，店员就可以选择性地运用前端视频及环场音效设备对消费者展示个性的欢迎词。

4. 商品信息第三方传播

消费者在店内体验了完美购物服务后，可以快速准确地传播店铺及商品信息予第三方并收到独特的促销拉动提示，移动设备的传播便利性就能够得到充分的展现。通过利用网络受众的积极性及网络关系，可以让商品信息逐层逐级地传播扩散，比如，亲人、朋友、同事、同学之间都能成为传播的节点，成为新的传播体，被快速地复制到成千上万的受众中。同样，这些传播对象都是非常精准的受众，传播过程中的信息能够被监测到，接收方的信息也可以被再次采集与利用，成为新的消费者数据，有利于抓住新消费者。

二、大数据营销和实体店经营的联系

智慧店铺服务平台的主要优势就是，可以将数据记录起来并进行科学合理的分析，随之应用到营销各处。作为实体店，使用智慧店铺，在大数据领域能够有三个方面应用：

1. 记录店铺支付数据，掌握消费者身份信息

智慧店铺平台可以记录经过系统所产生的所有支付数据，并帮助商户和消费者完成连接。随着消费者数据量的不断积累，商户就可以得到所有消费

第四章 智慧店铺的智慧做法必是连接

过的消费者群体特征和不同时段、地区的消费特征。在掌控消费者群体属性及消费习惯的基础上，商户就可以制定出更有针对性的营销决策。比如，景客隆超市。

在周年年庆中，景客隆利用智慧店铺的系统收款，配备了专门的服务人员，引导消费者使用线上支付，并关注其微信公众号。通过这次活动的消费记录及微信消费者属性，对附近消费者的消费偏好做了一个系统了解，为后续的营销提供了凭据。

2. 记录店铺的营销数据

对营销记录进行分析。实体店的传统营销方式，比如，派传单、发放优惠券、投放线下的广告等，不仅耗费时间与人力，营销效果也无法统计。而通过智慧店铺平台，商户就能够将这些营销数据记录下来，之后对具体的营销情况进行有效的分析和掌控，最后再根据数据信息适当地调整自己的方案或决策。

融城大饭店利用在线系统记录，进行定期派发及核销优惠券的情况，依据卡券的派发数量及核销率，及时调整卡券的金额及使用的权限，达到了降低空房率优化资源配置的目的。

3. 管控销售及库存数据，合理优化资源配置

加快商品流动与清理库存是降低商户成本及运营风险的重要举措，大数据能帮助商户更好地管理销售及其库存。商户完全可以根据这些大数据，合理并及时调整自己的资源配置。

"送果菜"是北京的一家小型蔬果超市，主要为实体店附近的居民提供配送生鲜果菜的服务，其很早就通过智慧店铺系统实现"线下店铺+线上商城"的模式，通过其后台的购买记录，"送果菜"能够随时掌握销售的情况及库存的数量。销售情况比较好的商品就会多进货；销售比较差的商品予以下架或搭配出售。此举最大程度地降低了实体店的库存压力，实现了单店线上月销5000笔、粉丝增长300%的经营成绩。

三、消费管理与营销服务升级

智慧店铺中的支付环节只是服务的一个入口,最主要的功能是提供多种店内服务,包括点单、预约、卡券管理、排队叫号、微商城订单处理等。当然,还可以兼容第三方平台应用,例如:美团外卖、大众点评、饿了么等,能够实现一机核销所有团购券等,大大提高店内的服务效率。

最值得一提的是,智慧店铺还可以为店铺营销做出许多创新,比如,拉客营销带动店内所有人营销、微页营销、游戏营销等,为实体店铺带来了良好的营销效果及消费者黏性。

第四章 智慧店铺的智慧做法必是连接

这只是开始

如今，味千拉面国内 600 多家实体店已经全面上线智慧餐厅系统。在店内管理上，店员通过智慧餐厅一体机，可以整合支付、外卖等功能与数据；在客户统筹上，管理者可通过后台整合各个实体店的资源与数据，制定出适宜的营销策略，更好地利用线上线下资源。

智慧店铺究竟有怎样的过人之处？这就要从最基础的营销、消息、数据等三个维度来说了。

（1）营销。智慧店铺可以与微信卡包完美对接，可以为商户在后台配置卡券，并通过多种场景派发卡券，以达到营销的目的。不仅能使用包括储值卡、积分卡、次数卡、购物卡等卡，还可以使用代金券、折扣券、礼品券、活动券等多种券，更好地实现针对不同消费者类型的营销。

（2）融合。由于各大外卖平台烧钱降价吸引流量，很多商户会同时进入多家外卖平台。虽然在一定程度上可以提高自己品牌的曝光度，但从运营角度来看，还会带来多平台管理的不便。智慧店铺是一个融合平台，可以集成点餐、团购、外卖等多种功能，能够对来自微信公众号、外卖订单、订位点餐等消息进行统一管理。这种聚合管理，不仅可以为商户节省点餐、接单系统上的成本支出，还会在极大程度上简化消息的管理流程，节省人力。

（3）数据。大数据时代，谁掌握了数据，谁就抓住了消费者。无论是广告投放、卡券派发，还是推出新产品，背后都需要数据支持。智慧店铺能帮助商家进行数据分析与挖掘，更好地调整营销乃至经营策略。

在移动互联网快速发展的今天，线上营销订购带动线下经营与消费的O2O模式正在成为网络营销市场的主流，商户来自线上的交易占比不断增加。然而，大量的实体商户，特别是中小商户却依然没有真正接入互联网，与消费者依然是"若即若离"。

智慧店铺从支付环节出发，可以帮助商户和平台补缺O2O模式的最终一环，将前端（电商、O2O平台）、商家、后台（企业软件、金融、供应链服务）三者有机连接在一起；同时，将其从前期的收款工具转变为商户连接互联网的工具，打造出一种全新的商业生态。

目前，智慧店铺已与微信支付、卡包等完全对接，能为消费者快速实现针对消费者的收款、卡券、订单订座等电子化、数据化管理。具体说来主要有以下优点：

便捷收款：新潮二维码支付收款体验方式及传统刷卡收款，不仅低费率、便捷，还可以提升店内形象，适应年轻消费群体的需求。

会员卡优惠券管理：采用最新的电子二维码会员卡及二维码优惠券对商户进行管理，通过打通微信卡包功能，更便捷派发管理优惠券及会员服务管理。

第四章 智慧店铺的智慧做法必是连接

团购核销、提货验证：支持通过 POS 机扫描团购、第三方订餐及购物平台的电子二维码凭证来现验证核销的提货服务。

信息交互、消息中心：实现了商户与消费者的交易互动，完成了外卖、订座等在线订单接收和处理等；通过线上的微信公众平台和线下的实体门店，完成了从线上到线下及线下到线上的全程 O2O 闭环服务。

大数据经营：掌握消费者、支付、会员和优惠券等消费者消费行为，在此基础上可以建立金融服务，包括贷款、众筹及保理等金融服务。

互联网消费者拓展及营销：通过大数据精准分析消费行为，通过营销推广系统，连接更多的消费者。

伴随着移动支付技术的发展，线下已经成为互联网巨头、收单机构、运营商、银行等多方竞争的核心战场，而随着线上市场的逐步成熟，互联网支付企业必然会聚焦于线下到线上的反向 O2O 市场。

第五章　智慧店铺的可视化运营

智慧店铺——实体门店的未来

项目需求分析：智慧店铺可视化运营的大举措

项目需求分析，是可视化运营的一大举措。

有家大型连锁超市旗下有 600 多家实体店，建设了一套智能化的实体店管理系统，利用科学的管理手段快速提高了对各分店作业的管理情况，建立了迅速的反应机制。同时，还准确地掌握了分店的经营状态，帮企业开展了全方位全角度的远程实体店管理工作。

具体情况如下：

此超市约有 600 家分店，在每个分店内都布置了高清监控摄像机，对分店进行全面监控；部署收音设备，实现实时监听、录音和语音对讲的功能；监控摄像机像素不低于 720P；实体店还布置了存储设备，可以将前端的摄像机的音视频设置为本地化存储，存储时间为 1 个月，只要有需要，就可以及时翻调。

监控系统，不仅满足了视频联网的需求，包括远程调阅和下载、实时预览、电子地图、实体店语音对讲、流媒体转发、解码上墙、消费者管理、分控调阅等；还具备报警联动的功能，在分店柜台上布置报警的按钮，当遇到没有办法解

第五章 智慧店铺的可视化运营

决的危机时,分店营业员或大堂经理都会通过报警按钮快速地与监控中心的管理者进行沟通上报;此外,其还与POS系统对接,采集POS交易数据,实现了交易的实况监控;与门禁系统对接,实现了门禁系统及视频监控系统的联动功能。

怎样低成本、高效快速地巡店,随时掌控最新的信息,并释放人员及投入的资金?怎样快速地获取准确实体店的客流数据,为后台管理及商务运营等提供数据支撑与业务参考?怎样挖掘敏感的商业信息,在大方向上准确地把握市场发展的动向,及时做出准确的决策?首先,就要进行项目需求分析。

一、智慧店铺的项目分析内容

智慧店铺的项目需求分析,主要包括下面一些内容:

1. 市场分析

要想为客户提供帮助,首先就要选择一个准备进入的市场,是做市场需求大但竞争相对比较激烈的项目,还是做小众但竞争没有那么激烈的项目?在这方面,就要让商户认真考虑以下几方面的因素:

(1)竞争力的大小。市场需求量大,并不代表这个项目就适合你。如果商户实力非常雄厚、供应链十分稳定、资源非常丰富,就应该选择需求量大的;假如商户规模很小,需求量却很大,竞争必然会非常激烈。因此,要让他们看看自身拥有的东西,并客观地计算一下每个项目的竞争力。

(2)市场发展呈现的趋势。如果要了解市场发展趋势,最常用的方法就是把今年的数据与去年的数据进行比较,了解到整个项目的未来发展趋势究竟是向上走还是向下走,是相对比较稳定,还是周期性波动?

(3)项目是否存在季节性影响。不同的商品或服务,都会受季节的影响,比如：干洗店，冬天的需求就大，夏天就少；羽绒服，冬天需求量大，夏天需求量就小。如此，必然会导致淡季、旺季的存在，这时就需要提前设计好不同的运营策略。

2. 消费者分析

知己知彼，百战不殆。对消费者基本特征的了解，决定着商户的运营决策是否正确合理。例如，商户的目标消费者是女性多，还是男性多？以此就可以知道，宣传页设计应该偏理性还是偏感性；商户的目标消费者在什么地区比较集中？这样，广告投放就会更加精准；目标消费者是哪个年龄段、收入如何、职业种类如何？如此，设计营销活动时，便可以做到心中有数。

3. 竞争分析

竞争对手的分析，最关键的是，必须知道竞争对手究竟是谁。如果商户经营的是宾馆，是不是就意味着所有的宾馆都是他的竞争对手？显然不是。假如果真如此，开宾馆岂不要累死人。同档次、同风格、同级别甚至在个性化搜索的趋势下，相似的产品才是商户的真正竞争对手。找到真正的竞争对手后，然后再想办法让商户超越对手。

二、如何进行项目需求分析

如果想进行项目需求分析，可以从以下几方面开始：

1. 抓重点，寻找消费者的真正需求

通常，每进行一个项目都有自身的必要原因，而在需求分析阶段，需求采集渠道中的需求通常是逻辑性不强的、无重点的、零散的，所以必须从这些零散的需求点中找到真正需要抓住的核心，之后再梳理实际场景、认真分析问题。当然，所有的核心点必须以最终目的为导向。

2. 制定具体的规则、改善复杂流程。不管是什么产品，最重要的是要考虑

第五章 智慧店铺的可视化运营

到消费者的使用场景，只有站在消费者的角度，把自己当作一个消费者，用心考虑消费者的感受，才能为消费者提供满意的产品或服务。当然，也不是让商户一味地迎合消费者，而是要制定规则，逐渐优化流程复杂、不完善的规则。

3. 将问题阐述清楚，将问题指出来

商户的业务部门通常都存在这样一个问题：思维逻辑性不强，在了解需求时业务人员或消费者的表述都缺乏逻辑性。如果管理者逻辑不强，不去追问，很容易被带到坑里。遇到类似情况，优秀的管理者可以峰回路转，把问题再一次阐述清楚；如果管理者比较强势，则要让他们直接将表述错误的地方指出来。

4. 技术人员参与需求分析阶段

技术人员参与需求分析阶段最容易把原本的好产品扼杀在摇篮中。现在，大多数互联网公司都是产品驱动，而不是技术驱动。从产品的角度上说，既然要做这个项目，就应该从产品角度设计好，需要在整套产品方案做出来后再精简功能。而技术人员却喜欢从技术角度考虑实现的难度，他们的逻辑思维能力非常强，如果发现某个数据不用新增一个入口去维护，就会站出来说"为什么要这样做"，然后给出"为什么做不了"，既然无法提供数据，自然就会放着先不做。

还有一种情况，当一个比较好的想法产生后，技术人员会考虑能否实现、实现的复杂度有多少？如果确实有些困难或无法立刻给出技术可行方案，这个想法就会被搁置下来。

智慧店铺——实体门店的未来

系统总体架构：智慧店铺可视化运作的关键点

对于实体店来说，运用整体设计规划，建设监控中心，采用 IP 网传输，进行统一的运维管理，就可以实现系统实体店的可视化运用。

当然，这里的系统包含：高清网络视频监控录像机、视频综合管理平台、手机转码服务器、智能分析录像系统、CMS 中心管理服务器、门禁接入终端、POS 接入终端高清解码矩阵、报警接入终端、大屏显示系统、远程客户端等一系列产品；同时，还能提供完整 SDK 二次开发接口，实现和第三方系统商业业务系统的完美集成。

基于便捷的设计理念，充分考虑消费者的安装、应用、调试等需求，采用嵌入式与工业化的设计思路，借助平台软件模块的硬件化封装，多个产品能够灵活配置进行自由组合……这样的系统就是一个大型智能、分布式的网络视频监控联网系统。此系统的总体构架，主要内容包括：

1. 前端到后端高清技术，编码参数动态调整

为了保证高清监控的最后效果，从前端的采集，到管理平台，到网络云存

储,再到最后的解码大屏输出,都要采用高清技术。在不停录像及网传的情况下,调整的编码参数当即生效。在 3G 监控系统中,静止不动的监控场景,可以降低录像的分辨率、码率和帧率或图像质量。

2. 多业务集成,全面的安全保障措施

全景数字 CMS 管理平台实现了视频监控、客流统计、人脸识别、入侵报警等业务子系统集成,便于对消费者进行统一管理。前端设备存储和中心机房云存储相互结合,既可以保证存储的性能,也能够保证网络的适应性,同时还可以照顾到安保人员的行为习惯。最新的技术是,用单机 48 盘位垂直插入到设备中。这个设备比传统的横插设备托架结构更加抗震,数据的安全性能也更高。

此外,相对于单托架双硬盘的存储设备来讲,还要保证热插拔时可以一一对应。要充分利用网络隧道、防火墙/VPN、权限管理、H.264 视音频压缩算法、安全认证等技术,保证监控系统及录像资料的安全性,不被越权使用或破坏。

3. 多级平台对接,多线路支持

实现了与总部上级监管平台的无缝对接,如果出现紧急情况,就可以统一应急联动。对于实体店来说,不论在什么地域、模拟或数字、网络硬盘录像机或高清数字产品,还是模拟转数字的编码设备,都能对接到全景数字平台上去。同时,为了最大限度地降低运营成本,也可以在不进行大量改动前端的前提下,对前端设备进行集中的网络化管理。

4. 通过客流统计及人脸识别等数据分析精细化权限管理

通过对客流的统计及人脸识别等功能进行现场统计,上传到云端服务器进

行存储及数据分析，操作模式更加直观和便捷。

系统可按域、按级、按优先级等对消费者权限实施层次化管理，设定管理员权限及消费者权限；权限管理的精细程度可以达到通道级别，消费者只能访问权限范围内的视频资源。当设备开始报警时，报警服务器可以向管理平台快速发送报警信息，消费者通过手机链接可以直接打开视频，并联动管理中心存储录像。

5. 车牌识别、人脸检测辅助消费者管理服务

车牌识别方便于消费者对停车场的管理，还有利于对整个车辆进出情况包括车流量进行统计。人脸检测是基于实时的视频检测，使用的是传统的高清视频摄像机对人脸进行识别。对车辆的识别，使用人脸检测进行辅助，不仅可以让商户更好地掌握消费者信息，还能依据后续的数据分析为消费者提供针对性的服务或产品。

6. 可视化运营，突破重围

可视化运营解决方案深耕视频应用，是一种全景数字打造，可以多层次多方面地为商户提供服务，从商户的安全指数，到消费者的分析，再到运营的监督……，有效弥补了传统ERP系统的先天缺陷。

基于视频监控的智能化、可视化的方式，商户就可以更认真地分析消费者、关注消费者、经营消费者。不仅可以为商户的客户群提供更贴心、更完美的服务，还能创造更棒的销售氛围、更棒的消费体验；同时，也能取得理想的业绩，让商户在竞争白热化的市场中突出重围。

客流统计：智慧店铺提升销售额的好方法

事实证明，做好客户流量的统计，确实有助于提升实体店的销售额。

下面是一家商场的客流统计：

外围总流量分析。在商场和外界接通的每处通道都要部署客流统计点，方便获取商场的客流量数据。如此，不仅能够掌握商场整体客流量的变化趋势及规律，还能掌握各通道客流量的具体分布情况；通过对营销活动前后总体客流量变化的记录分析，就能对活动效果做出客观大致的判断，并为资源的利用提供数据依据。

各区域、楼层客流分析。在商场的各区域、各楼层的通道间皆部署客流的统计点，获得商场各区域客流量数据。如此，不仅能掌握商场各区域在不同时段客流量的分布规律、各区域的客流贡献、消费者各区域的流动规律及相互影响的关系等；还能进一步完善商场的客动线，方便消费者在商场更加合理有效地流动，带来更多的销售机会；此外，还能对各区域的运营资源做深入的优化改善。

店铺客流吸引度分析。为商场各租户部署整体的客流统计点，对各层数据

进行深度统计,掌握客流动态等细节。通过客流量数据的分析,就可以对各租户对商场的客流贡献进行细微的掌控,优化品牌组合;还能帮助商户最大限度地优化人力资源配置,增加成交率,帮助他们获得更好的业绩。此外,还能最大限度地利用商户的场地资源,使得各部分最大程度地发挥效力。

客流的属性分析。在商场主要出入口通道布置客流属性的分析系统,收集客流的年龄和性别信息,既可以准确地掌握到店的客流构成;还能依据到店客流的具体属性,验证且及时地调整商场的具体经营定位;更能依据到店客流的情况,合理安排促销活动,增加消费者的购买率。

当然,在统计客流之前,要澄清一个概念。如果仅仅纯粹地计算数量,最基础的计数就可以实现,那么为什么会不断地出现新技术?

主要原因就在于,客流质量上的统计与分析出现新突破。客流质量是消费者的活跃度、停留时长和来访周期等基础维度,上升到大数据分析层面,就是对其质量及消费者年龄、性别、消费阶段、消费习惯、购买力等画像的分析。

概括起来,对商户进行客流统计的重要性主要表现在以下几个方面:

1. 利用客流的统计分析系统,可以将具体的客流数据当作评定及提升租金的重要指标。

2. 采用客流统计的系统后,可以将客流数据当作评判的标准之一,根据客流量的变化趋势来微调固定租金和营业额的标准,更全面,更科学,更具说服力。

3. 在出入口安装客流的统计系统,可以为商户提供实时的客流数据,分析出入的人流比例,借此来判断商户的集客能力,为潜在客流资源提供依据。

4. 通过客流统计系统上交的数据报表,与商户的 POS 销售终端和存货管理系统有效结合起来,分析商户的运营状况,更能让商户把握并充分利用现有资源,最大限度地获取利益。

第五章 智慧店铺的可视化运营

5. 如果通过客流系统发现双休日上午的客流量要低于晚间的客流量，就可以将周六日的营业时间往后推延一些，提高周末的销售收入。

6. 对商户的促销活动进行客流量统计，不仅可以从新的角度来评价与衡量营销活动的效果，还能对往年往届的活动的客流数据进行纵向比较，之后将得出的数据作为今后的举办促销活动的依据。

如今，技术的发展，已经让实体店变得有利可循，为了了解客流的具体情况，众多实体店纷纷开始使用客流统计系统，分析比较受欢迎的消费，进而调整运营策略。

1. 先知晓消费者的需求

市场决定产品，市场需求就是消费者需求，只要掌握了消费者的需求，财富的大门也就开启了。古人为了了解他人的心理，经常会使用读心术；而现在，读心术已然不是一句空话了，依据科技的力量，通过最新型的科技手段，用客流统计系统来分析客流量，就能够轻易了解消费者的真正需求，就可以及时地应对市场变化，做到知己知彼。

2. 掌握消费者的最新动态

唯有从源头开始，才能知道消费者的目前状态。不论是哪个国家、哪座城市，还是哪条街道，实体店集中的地方多半都是当地经济最繁华的地区，也是客流量最大的场合。各实体店都想掌握客流量的动态，而客流统计系统正好可以让实体店快速地了解消费者的需求和动态，继而及时合理地调整战略，逐渐满足市场需求，最终提升销售额。

3. 大数据分析更为精准

依据客流数据，可以找到其内在的规律。如今，大数据是目前各个产品、

软件都要借助的数据系统。客流统计系统不仅可以通过摄像机来进行分析,还能通过大数据分析系统进行。

实体店客流系统,不仅可以通过大数据来进行客流动向分析,还可以根据客户的年龄及身份来分析客流的购买力和购买习惯等,实体店掌握了这些数据,才可以更好地规划设计科学合理的市场战略,从而在市场上得到更好、更高的效益。

那么,实体店的客流统计系统是什么呢?客流统计系统是一种监控系统,可以对客流进行监控,通常被用于一些出口或商场客流量比较大的区域。既可以对实体店中的客流人数以及走向进行记录,并做出详细分析;还能够对多个方向的客流进行全面统计,生成具体的统计数据报表,与其他店铺的管理系统相互配合,满足实体店客流分析方面的迫切需要。

大数据分析：智慧店铺可视化运作的根本点

大数据是一种数量大、速度快、变化多的信息，为实体店获得更深刻、全面的洞察力提供了巨大的空间与潜力。借助大数据及相关技术，实体店就可以为不同的消费者进行个性化精准营销，即通过大数据获取消费者的喜好、行为偏好，对不同对象采用不同的营销策略。

全联福利中心（以下简称全联）成立于1998年10月，是台湾大型零售业者之一，原来是台湾消费合作社全国联合社（全联社）后改称全联福利中心。如今，全联的门市已经超过700家，是台湾最大的连锁超市，让消费者体验到了优良的消费体验。

全联应用最新的创新科技服务，通过社交媒体以及移动装置，通过大数据分析和云计算，与消费者积极互动。同时，还对端到端的供应链进行有效预测，提升供应链的整体效率。

全联有效推动了智慧店铺的运营系统，其中包括以下三点：

1. 新全联官网开发导入上线：消费者可以和全联门市信息进行互动，使营销活动更具效率，不仅提升了消费者的到店率，还让实体店的服务变得更便捷。

2. 业绩仪表板：提供高级仪表版，包含商品、业绩、营运、档期、访店等分析报表，管理者可以从单一平台及时有效地获得每天的业绩分析情报。

3. 全联信息服务中心：适用于所有消费者，可以快速解决问题、累积知识、分享数据。

通过打造智慧的运营系统及数据分析，全联提高了消费者与实体店的管理能力，有效帮助战略目标的完成。通过会员的大数据分析，全联完成了大约2000个客户体验地图。这个地图，以时间为轴依照顺序发展消费者以及全联的互动体验，将科技融入消费者的生活场景中。

仔细研究就会发现，全联的这个方案融合了视频监控、门禁控制、智能分析、楼宇对讲、周界防范、热成像、POS等系统，采用方程式组合，扩容模块化，最大限度地节约了消费者投入的成本。这就是大数据的威力。

移动互联网时代，实体店的可视化运营一定不能忽视了大数据的帮助。

一、大数据，方能显智能

1. 智能分析，报警联动。智能视频分析是视频监控发展到一定时期的必然产物。传统视频监控，与智能分析技术、音频、报警等第三方设备相融合，构成的智能化系统可以很好地缓解传统视频监控人工监控效率低、响应速度慢、成本高等问题，也可以有效缓解海量视频信息积压的问题。

智能分析系统内部嵌入19种智能分析规则，都已经过专利授权；12种报警联动行为智能分析的准确率，都通过独特的3D校正技术和背景建模的技术，提高了许多；同时，过滤雨、雪、摇摆、视频抖动等背景场景的错误率，也可以将错误率降低到一成以内。

2. 多模式录像，节约存储。一般情况下，IP监控存储成本大约占总成本的40%以上，其通过多种录像模式技术，如计划录像、手动录像、报警录像、定

第五章 智慧店铺的可视化运营

时录像、抽帧录像、办公模式、假日模式等录像模式，可以为不同的消费者选择不同的录像模式。其中，智能帧率录像，在报警还没有发生的时候可以采用低帧率录像；报警发生时，会变为全帧率的录像；报警结束后，会恢复为低帧率的录像……。如此，不仅可以满足重要录像的实时录像，又可以节约存储成本。

3. 智能检索，节约时间。智能分析系统，支持智能检索规则。例如：后台移动侦测、遗失物侦测、摄像机失焦、可疑物侦测、镜头遮挡等情况。支持录像回放规则。例如：按摄像机回放、即时回放、多路同步回放、按时间回放、支持报警事件的联动回放，可以节省大量的录像查询时间。

二、大数据未来发展的构想

未来，实体店该如何利用大数据？可以从以下三个层面来理解：

1. 支持大数据的运营。实体店可以通过对价值链上数据的分析挖掘，提高物流、供应链等方面的运营效率；同时，利用大数据分析的结果为决策提供数据上的支持。如今，部分实体店已经开始逐渐地利用数据帮助提升内部运营，例如：利用大数据分析，找到更优良的商品、提供更棒的服务，更全面地满足客户的需求。

2. 形成大数据产品。对于实体店来说，通过对大量数据的整合与分析，可以形成自身独立的大数据产品，运用免费、出售或合作的方式提供给内外部客户；为消费者提供信息服务。

其实，实体店可以发展许多大数据产品。例如，对消费者的个性化需求分析，将消费者需求和供应商资源进行快速智能匹配等。阿里巴巴近年来就发布了多款大数据产品，包括"黄金策""聚石塔" 淘宝时光机"和"淘宝指数"，这些大数据产品为店铺提供了数据分析、数据备份、消费者行为研究、加速订单处理等多方面的大数据服务。

3. 构建大数据平台。所谓构建大数据平台就是,实体店可以利用大数据搭建企业生态,为平台上的企业服务,促进共同繁荣。如今,中国的传统实体店还没有做出完整的企业生态系统,而网络零售商如阿里巴巴却已经形成了完整的企业生态系统,所以大数据一直都是它们的核心竞争力。

当然,有些实体店已经表达了对构建大数据平台的需求与想法,例如:"集团不同业务单元数据的整合""形成一个整体的对内对外服务、平台化的面向多行业的大格局""实现全面系统化管理"等。

第六章 / 实体店的智慧化改造与升级

智慧店铺——实体门店的未来

支付融合化：将多种支付方法融合到一起为我所用

智慧店铺中的POS机不仅可以无线携带，兼容几乎所有的支付方式，从传统刷卡到现在流行的微信支付、支付宝、NFC支付，还能让消费者的个人账号自动关注商户的公众号，实现支付即连接。

如今，移动支付已经成为线下购物的主流结算方式，从大型商场、超市到路边小店都会在显眼的位置放上一张二维码："欢迎扫码付款"。2012年，微信支付、滴滴打车进入人们的视野，掀起了一波如火如荼的O2O大战。同年10月，智慧店铺首创者掌贝，亦正式推出线下二维码支付。

掌贝通过这一首创的二维码支付方式与腾讯的微信建立了合作关系，有力促进了二维码支付爆发式的增长。掌贝由此赚得第一桶金，也让微信通过二维码支付，牢牢占据了移动金融山口。

伴随着二维码支付进入人们的生活，实体店遇到了新的窘境：银联支付有专用的设备，微信支付是一台设备，支付宝也有单独的设备，掌贝需要解决的问题是如何将各种支付方式融合。

2013年，掌贝发明了全球首款智能POS机，所有支付交易都可以在同一

第六章 实体店的智慧化改造与升级

台设备上完成，大大提高了商户收款的便利性。比如，在支付环节，线下智能POS可以一机搞定所有收款方式，包括银联、支付宝、微信、美团等多种支付手段，可以适用不同消费者群体的支付需求。

一机融合所有的支付方式，使得商户不用再根据消费者的付款习惯差异而准备多个验钞机、扫码仪等，既帮商户节省了空间，又提高了消费者体验。同时，还有效连接了商户和消费者，为后续服务活动的开展提供了消费者基础和渠道。

掌贝融合银联、微信支付、支付宝、储值卡、美团买单、闪惠等多种支付方式，适应不同消费者群体的支付需求，实体店铺不用准备多种收款设备，也免去了人工找零的烦恼，提高了结账效率，并有效预防了假币。

纵观掌贝的发展历程，从最初的移动支付到现在的人工智能化解决方案可以看出，其每步都走得很稳，这也奠定了掌贝作为 ToB 类型的公司在大数据和人工智能领域发展的基石。

1. 支付即会员

在支付环节沉淀消费者数据和消费记录，引导消费者关注商户公众号，并将其转化为公众号粉丝和会员，建立长期消费者关系。后续，还可以通过消息推送、卡券派发等多种营销方式进行精准营销，实现支付即会员。

2. 沉淀支付数据，方便二次营销

人工统计交易数据工作量巨大，容易出错，智慧店铺平台根据支付方式、实体店、时段自动统计支付数据，减少了疏漏的出现；同时，支持收款数据的记录、归档、导出，方便商户查账对账、为二次营销提供数据支撑。

3. 无需核对开票信息，一键生成电子发票

人工开票流程繁琐，信息核对困难、低效、易开错，智慧店铺平台可以帮助商户一键生成电子发票二维码。消费者可以自主扫码开票，商户无需任何操

作,如此不仅会大大降低商户在发票上的成本,同时还有效提高了消费者体验。

相信,未来移动支付领域只会剩下两类玩家:一类是支付宝和微信支付为代表的移动支付巨头;一类是深耕客户端和商户端的综合性互联网金融服务商。

4. 传统收银机已经过时

如今,消费者平时出门买东西、逛街购物,甚至吃穿住行的许多领域,都渐渐被"新"支付方式改变。吃个饭,消费者既可以付现金,也能刷卡,甚至还可以网上支付。当然,多元化支付方式选择的背后是互联网科技的高速发展。

5. 智能收银一体机助力商户收款

智能收银一体机,支持当前所有主流支付方式:刷卡、微信支付、支付宝、百度钱包、Apple Pay、NFC等。总之,实体店铺不用再根据消费者的付款习惯差异而准备多个收银机、读卡器、扫码仪等工具。

随着支付方式的日益丰富,实体店铺必须学会使用更具扩展性的收款方式,任何只支持一类收款方式的设备都将被抛弃,只有可扩展、多样化的智能收银一体机才能满足多种支付需求。因此,引进智慧店铺,只要配备一台智能收银一体机便能够不用电脑、收银台之类的了,直接用这台收银机就可以完成大部分信息化工作。

6. 智能云收银平台打造

智能收银一体机不仅具备刷卡、打印小票等传统收银机功能,还有效实现了刷卡支付模块与智能硬件模块的整合;不仅仅是一台收银机,还是智能云收银平台,能为不同行业、不同企业提供整体支付解决方案、ERP管理、会员管理功能、线上营销服务、供应链金融服务、数据统计与分析等服务,帮助商户打造智慧店铺。

第六章 实体店的智慧化改造与升级

卡券电子化：用电子会员带动会员消费

鑫城足浴创立于 2007 年，分布在株洲、醴陵、攸县、萍乡、长沙、湘潭、茶陵等地。智慧店铺为其提供的卡券营销和拉客等功能有效地解决了鑫城足浴的需求。

鑫城足浴引进智慧店铺之后，显著提升了服务效率，能够将更多的精力放在服务品质的提升上。随着服务效率和服务品质的双双提升，鑫城足浴每周的营业额都稳定保持在 30 万元以上，最高的一周已经突破 40 万，见图 6-1 所示。

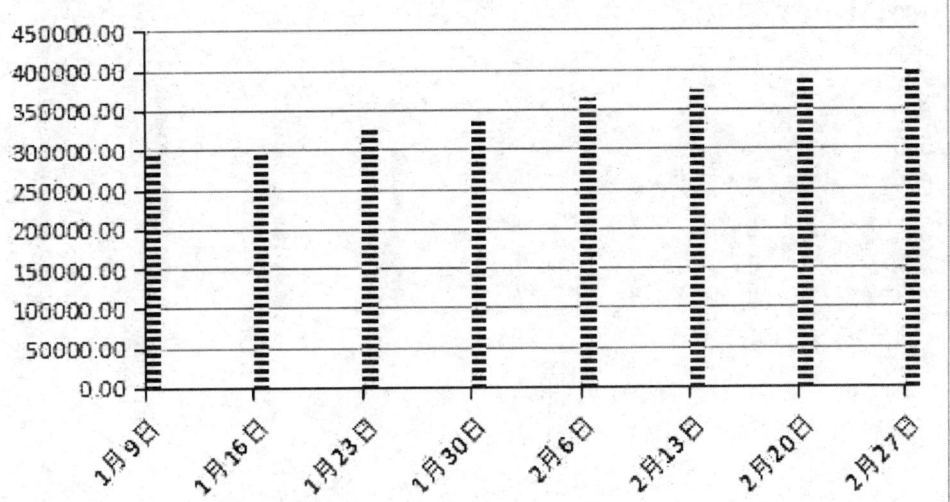

图 6-1 周营业额统计

智慧店铺——实体门店的未来

同时，新的会员体系搭建完成后，仅仅推行了一个月便有近1600多位消费者成为了鑫城足浴的会员，新会员充值金额达到120多万元，这是消费者对鑫城足浴服务满意的回报。既然能取得这样傲人的成绩，那在实际运用中，智慧店铺是怎样解决鑫城足浴问题的呢？

会员卡管理电子化。利用智慧店铺的会员管理系统，鑫城足浴建立了自己的会员体系结构。通过电子化会员卡与微信卡包的结合，不仅将已有的线下实体卡会员转换成线上电子会员，还对新办理的会员实行电子化发卡，极大方便了会员的使用和管理，也为使用智能CRM对会员提供个性化服务奠定了基础。具体见图6-2所示。

电子化派券轻松管理。到了营销环节，在以往的营销活动中需要印刷大量的优惠券进行派发，但是实际核销率却很低。这样也造成了大量的成本浪费。智慧店铺的卡券管理系统能够很方便地制作电子优惠券，还可以根据营销的效果随时上线和下线不同的优惠券。由于使用电子化派券以及核销方式，通过会员管理功能结合智能CRM给出的建议，有针对性地向客户派发不同类型和优惠方式，不仅节省了成本，也带来了更为精准的优惠。具体见图6-3所示。

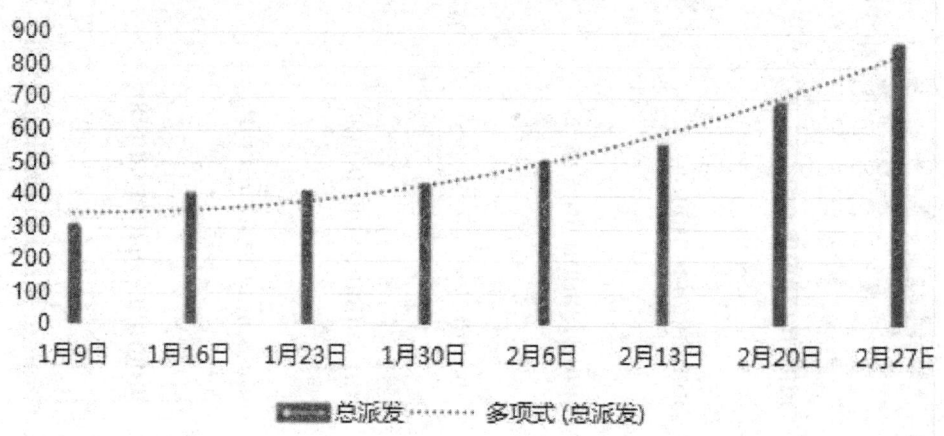

图6-2　会员卡发放数量

第六章 实体店的智慧化改造与升级

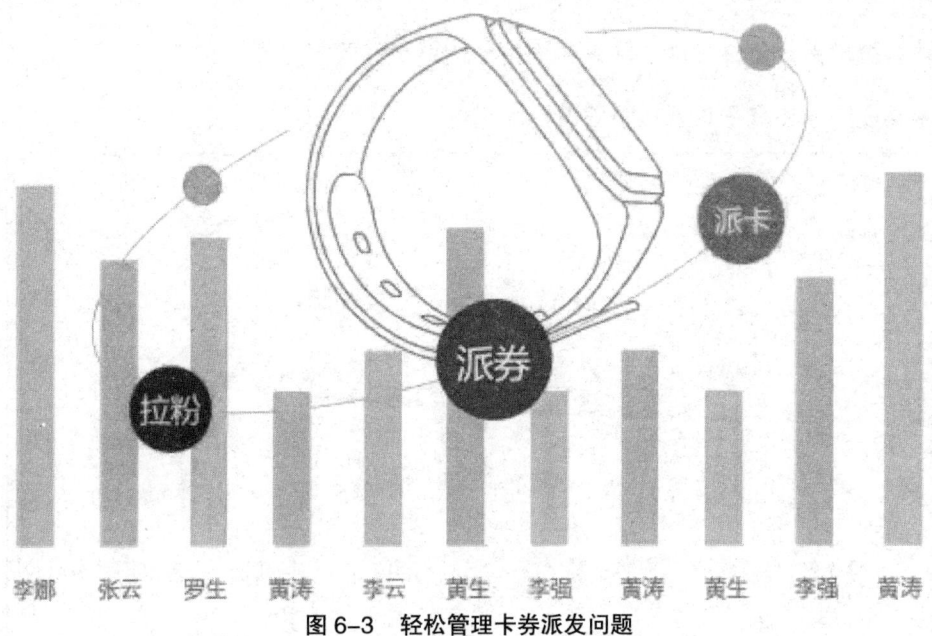

图6-3 轻松管理卡券派发问题

没有实践，一切都是不切实际的纸上谈兵。在引进智慧店铺后，鑫城足浴通过使用系统内的拉客手环以及卡券营销系统开展了关注有礼活动，使用系统独创的拉客手环，让所有门店接待人员进行吸粉，一个月有效增加4100多人次，赠送关注礼券1800多张，核销1000多张，核销率超过55%，有效带动了客人进行消费。具体见6-4所示。

所谓电子卡券是指，非实物、无需物流的商品类型，消费者下单后可以获得电子凭证，之后到线下核销后获得服务。其具体过程如图6-5所示：

适用行业主要有：旅游业，旅游、酒店、餐饮；虚拟票务业，景点门票、演出赛事、展馆会展、游园、车票；休闲娱乐业，酒吧、足疗按摩、影院网吧、桌游密室、KTV；丽人健身，美容、美发、健身；还包括教育培训、会员卡／会员资格／会员服务购买、线下实体店体验服务等。

今天，使用微信的消费者已突破7.6亿，只要对商业敏感的人，都会利用

这个巨大的流量入口,来为自己的品牌宣传导流。为了满足商户的需求,微信适时推出微信卡券功能。这是一套完整的消费券营销方案。与微信一起推动卡券功能的,还有掌贝智慧服务平台。

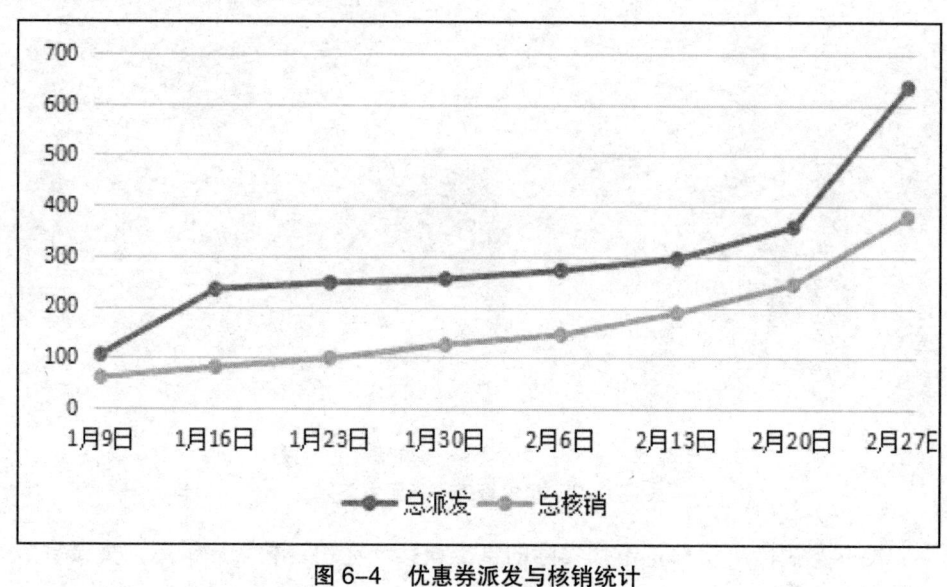

图 6-4 优惠券派发与核销统计

图 6-5 电子卡券消费过程

2014 年 8 月,掌贝发明并推动微信联合推出"卡包",可以将优惠券同步到微信卡包。店铺可以实现电子卡券生成、下发、领取、核销的闭环。

1. 电子卡券的优势

卡券的电子化比纸质化的明显优势在哪里?

(1)方便快捷,减少差错。过去,手册寄来寄去,弄丢了,还要接受相

关处理,现在只要发份传真就行;以前纸质手册上要填写好多内容,现在只要填写核销表就行了。

(2)卡券类型丰富,契合各类营销场景。会员卡、储值卡、普通券、活动券、商品券……,卡券类型丰富、形式多样,可以满足客户在不同场景中的营销需求。

(4)卡券制作零成本。零成本快速制作电子优惠券、会员卡,大大降低了人力和成本损耗。

(5)同步到微信卡包,卡券不丢失。电子卡券能够同步到微信卡包,消费者领取后无需安装额外应用,能够直接从微信卡包中提取使用,既为商户增加品牌曝光机会,又可以减少卡券流失率。

(6)卡券整合收银柜台,省去人工计算步骤。消费者使用手机支付,收银台自动调取优惠卡券,直接计算优惠后的价格,方便快捷,减少了人工核销计算的时间。

(7)数据实时监控,核销率高。电子卡券的所有数据都可以实时监控,能够根据数据不断优化卡券营销手段。而且,由于储存携带方便,电子卡券核销率更高,能够有效帮助商户引入客流。

2. 电子卡券的使用

在移动互联网时代,记录着优惠信息的纸条生存空间越来越小。电子卡券隐藏着无穷无尽的空间,即使有再多的卡券,也能轻松管理。在电子卡券逐渐取代传统卡券时,具有社交属性的微信优惠券可能会成为未来卡券主流,因为其传播更容易,使用更简单。

(1)会员卡协同优惠券,精准定位。微信优惠券除了收纳各种票券外,还可以绑定会员卡。消费者消费时无需随身携带实体会员卡,消费更方便。同时,会员卡有积分同步和消息通知功能,消息内容可以设置优惠券。

零售大咖屈臣氏就率先推出了微信手机版会员卡,会员可以直接在微信平台上查询会员卡信息,享受到个人优惠、积分变动清楚显示、积分兑换累计无需带卡、随时随地领取优惠、购物后抽奖领奖等系列便捷服务。

微信会员卡这一系列的功能升级,大大提升了商户会员卡服务能力和效率,可以拉动消费者资源,实现对消费者的精准定位,凝聚更大的商业价值。

(2)储值卡便利操作与传播。部分消费者不愿意绑定会员身份,没关系,微信优惠券新增了储值卡功能,可以线上出售固定金额与售价的储值卡。商户可以自定义储值卡的金额与售价,让消费者在微信公众号中进行购买,支付成功后储值卡实时派发。储值卡先充值后消费,不仅能大大提升商户的现金流,也成功绑定了回头客,是对传统储值卡与互联网的一种成功结合。

(3)商品券联手微信公众号。商品券可以通过微信公众号传播出售,以单个商品为单位,实现轻量级传播。同时,商品针对性更强,突出了商户的特色,更容易吸引消费者的注意力,是商户的一把宣传利器。

当然,这三招虽然能够帮助商户完成传播,但是仅仅停留于此也不行,还需要通过内功(微信优惠券系统)修炼来催发招式,如此才能发挥出更大的作用。

外卖集成化：多种方法并行提高消费者忠诚度

2017年3月，移动社交一站式服务商微盟旗下智慧餐厅正式上线外卖版。餐饮外卖商户可以通过该系统在微信公众号搭建自己的外卖平台，实现自主运营和管理。

在"智慧餐厅外卖版"中，商户可以自主配置营业时间、配送范围、配送费用等参数、创建外卖菜单等，消费者在微信上便能下单支付，商户则可通过系统后台、微盟实体店助手APP、POS硬件等多渠道接收消费者订单。

在外卖配送上，"智慧餐厅外卖版"已与物流配送平台"达达"实现了对接合作关系，外卖订单能够跟达达配送系统实时同步互通，帮助商户实现从接单到配送的衔接。

会员营销方面，外卖商户能够借助微盟智慧餐厅的会员能力拓客留存，培养消费者忠诚度。

外卖是一个区域性很强的服务，其服务对象主要集中在某一区域的部分有外卖需求的人群。因此，建立消费者的消费忠诚度非常重要。

智慧店铺——实体门店的未来

在自有的外卖平台上，商户可以采用多样化的营销手段，吸引消费者关注和购买；同时，将属于自己的流量和会员留存在自己的平台中。比如：推出专注服务于线下餐厅的O2O解决方案，通过微信买单、线上营销、会员管理等帮助商户沉淀消费者、挖掘消费者价值，促进二次消费。还可实现微信外卖、点菜、支付等一站式服务，实现线下餐厅和线上商户的微信公众号的对接。

1. 智慧餐厅能帮你解决哪些痛点

（1）人力成本高，员工不积极，消费者体验差，利润严重缩水

解决方案：微信及手机客户端实现消费者在线自助排队、预订、点餐、支付等环节提高消费者体验，降低商户人力成本的投入；通过消费者打赏等功能提升员工积极性。

（2）营销成本高，消费者少生意差，回头客少

解决方案：通过场景化营销应用，提高营销精准度和深度；通过店员拓客和全民拓客，解决生意差问题；通过CRM消费者数字画像技术，做好二次营销，提高消费者复购率。

（3）多连锁店管理效率低，会员财务数据混乱

解决方案：支持多连锁店餐厅，统一的业务体系、融合线上线下的会员体系和全通道收银财务体系，完善细致的权限控制；根据店员拓客、发卡等指标进行考核，提高员工积极性。

2. 三种业务模式

外卖集成化的三种模式是：店内就餐、预定包厢（餐桌）、外卖下单及配送。就餐者只要扫描包厢专属二维码，系统就会自动识别包厢进行点菜，还可以加

各种备注留言,菜单自动打印,可以在线支付。

3. 智慧餐厅特色功能

(1)微信餐厅。完美对接所有的微信基础和高级功能接口,点餐、外卖订座、会员、营销全闭和微信打通。

(2)微信外卖。完美对接所有的微信基础和高级功能接口,点餐、外卖订座、会员、营销全闭和微信打通。

(3)微信自助点餐。免去叫服务员的麻烦,消费者通过微信便可以自助下单,商户POS实时收到订单,确认后便能够下发到厨房。

(4)微信订座。不用电话,商户摆脱纸笔记录,消费者通过微信便能够完成预定,轻松方便。

(5)微信排号。取号后,消费者可以到附近逛街,微信推送排号进度,消费者不会流失扫码排号吸粉,不仅可以提高商户的营销能力,还能有效降低对团购平台依赖排号时可预先点菜,节省消费者的点菜时间,提高餐厅翻台率。

(6)智慧收银平台。支付宝、微信支付、会员卡支付等集中在一起,消费者可以尽享在线收银之便利,随时随地支付,无须在收银台排队,支付高效便捷。

营销智能化：用智能化的营销方式增加消费者黏性

智慧店铺为店铺营销做出了多种创新，例如，拉客营销带动店内全员营销、游戏营销、微页营销等，为商户带来良好的营销效果和消费者黏性。

1. 微页营销

具体特点是：适用不同场景的微页模板，制作"零"成本；病毒式推广，裂变式营销；紧贴热点、曝光品牌、回馈会员、派发卡券，都在一个微页里搞定；推广数据实时反馈；及时调整营销内容，有针对性地进行传播推广。后台自动统计各个微页的推广数据，包括传播人数、浏览次数、互动数据等，监测时间长达30天。商户可以直观感受微页的内容质量、营销效果，省去了活动后统计数据的繁琐。

2. 游戏营销

（1）多种游戏。营销模版，"零"成本快速制作。

（2）单人游戏。飞机打红包、投篮小游戏、拼图游戏、竞技游戏……，多种游戏模板满足不同消费者的喜好。

第六章 实体店的智慧化改造与升级

（3）多人游戏。手机拔河、疯狂摇钱树、谁是射手……，多人互动游戏活跃就餐氛围。

3. 全场景游戏营销

（1）公众号推送。在精准消费者聚集的公众号配置好玩的小游戏，不仅可以提升粉丝的参与感和活跃度，还可以实现迅速圈粉的目的。

（2）排队互动。通过玩游戏赢取优惠券和积分，消除消费者排队等位的焦躁感，减少消费者流失率。多屏互动游戏，让好友共同参与，活跃就餐氛围，容易吸引更多客流。

（3）智能小二。消费者进店扫描智能小二，完成自助点餐、埋单、点评等流程。等餐时，可以玩游戏赚积分领取优惠券，让消费者的等待也能创造价值。

（4）营销数据实时反馈。及时调整游戏内容，有针对性地进行传播推广。后台自动统计各个游戏的推广数据，包括浏览次数、消费者数量等，商户可以直观感受小游戏的推广效果，省去了活动后统计数据的繁琐。

4. 拉客营销

帮助商户调动员工积极性。让全体员工帮助实体店完成拉粉、派券、派卡等营销工作，绩效挂钩到个人，实现店内员工服务量化管理。员工与手环一对一绑定，自定义推广内容。配置简单，使用方便。为商户连接每一位消费者。

店内员工服务量化管理。后台实时记录员工推广业绩，方便商户查询员工个人绩效。会员拉新数据、优惠券拉客数据、公众号拉粉数据、点餐统计、点评统计，一目了然，商户可据此实施针对性的奖惩措施。

全员营销利器。员工可通过拉客排行榜了解自己的"战绩"，并根据实际情况调整策略。同时，商户的奖励政策会极大地调动员工积极性。

5. 推文营销

为商户提供大量的公众号营销图文,商户再也不需要为活动图文犯愁。商户只需要找到合适的模板,通过简单的编辑便能够成为一篇精彩的公众号活动推文。还可以通过借鉴精彩的活动图文,找到更多的活动灵感。

(1) 图文模板丰富,全行业全情景覆盖。图文内容覆盖酒店、餐饮、商超、酒吧、婚庆、美容等所有行业,贯穿春节、情人节、店庆等多种情景。

(2) 内容风格多样,让微信推文脱颖而出。掌贝后台提供多种风格不同的推文内容模板,不断更新扩充,商户可根据自己的品牌理念、风格进行选择使用,实现营销推文快速上线。

(3) 智慧店铺的诞生,为实体店铺应用大数据营销提供契机。智慧云平台能记录所有支付数据,并帮助商户连接消费者,得到消费者的群体特征。相比传统店铺的消费者消费完即结束整个交易过程来说,智慧店铺后台可以沉淀消费者消费数据。在掌控消费者群体属性和消费习惯的基础上,商户可以据此制定出更有针对性的营销决策。

(4) 在营销活动后,智慧店铺后台也可以沉淀营销数据,例如:派发卡券的数量、核销的情况、参与游戏的人数、传播微页的情况等都可以通过后台进行分析解读,为二次营销提供策略参考。

智慧店铺以连接为基础,提供丰富的店内服务功能、营销功能和大数据分析,不仅切实提高实体店铺的经营效率,还帮助其关联消费者、增强其与消费者的互动,并为营销策略的调整提供重要依据。总的来说,智慧店铺为线下实体店铺提供从支付到营销的一条龙服务,着力提升店铺经营效率和互联网营销水平。

商城一体化：满足消费者需求打造一体化商城

商城一体化的主要内容包括：

1. 自建电商渠道

（1）微信商城。在微信上建属于商户自己的商城，不用和别人比价格，流量掌控在自己手中。消费者直接关注商户微信公众号便能自助购物，操作简单，无须佣金、短期上线。

（2）店内点餐。消费者到店只需要扫一扫桌面的二维码，便能完成点餐的整个过程。

（3）外卖系统。消费者在微信上实现点餐，坐在家里，就可等待外卖的到来。

2. 订单数据完美对接 POS 设备

微信商城、店内订单、外卖订单等数据完美对接 POS 设备和商户后台；订单状态、下单时间等均可在一机进行查询，十分便捷；后台可查询并导出特定时间段内的订单数据，方便统计归类；商户可根据订单状态做出相应的经营调整，如商品配置、商城配置、电商配置等。

3. 会员管理

（1）会员卡。连接微信打通 CRM 系统，对会员进行多维度筛选及认知，便于商户开展会员精准营销；支持开卡绑卡、积分累计、会员储值、消费记录等，协助商场进行会员管理；更有开卡礼、绑卡礼激励消费者开通会员，增强商场与消费者黏性。

（2）会员特权。展示会员等级、交易记录及相应特权，在智慧商场后台可任意组合储值、积分、买赠、优惠券、礼品券等营销工具，增强会员忠实度并拓展新会员。

（3）消费者标签分组。以高效的会员分类及筛选工具对消费者进行多样标签分组，可利用分组对优惠券进行下发，更加精准地识别消费者，为企业达成精准、智能且效果可监测的营销服务平台。

4. 营销体系

（1）图文活动。使用图文并茂的信息页面牢牢吸引消费者的眼球，让信息的接受度达到最佳效果，让商户告别纯文字的枯燥。

（2）抽奖活动。既能用刮刮乐、大转盘、砸金蛋、拆礼盒等多种营销形式，吸引消费者参与并分享；还可与收银系统打通，实现购物满额扫描二维码参与抽奖。

（3）限时抢购。以限时特卖的形式，定期定时推出品牌商品，为商户和消费者搭建一个更好的营销互动模式。

（4）红包营销。特定节日或时期开展红包营销活动，利用趣味小游戏引导消费者主动分享到朋友圈。扩大活动影响力，积累新粉丝，提高转化率。

（5）活动插件。新颖的活动形式，有趣的活动玩法，让消费者主动通过微信在自己的朋友圈中扩散，有效拉粉和传播。

（6）现金红包。基于微信支付现金红包，利用新颖的红包方式吸引大量粉丝关注；增加消费者黏性，拉取新粉丝关注，达到品牌宣传效果。

（7）代金券红包。微信支付代金券、立减优惠券等，利用新颖代金券的红包方式吸引大量粉丝关注；增加消费者黏性，拉取新粉丝关注，达到品牌宣传效果。

（8）渠道二维码。自定义参数二维码，满足不同渠道推广数据分析的需要。

（9）优惠券。不定期根据消费者分组标签精准推送优惠券，提升消费者黏性；通过微信前端页面展示优惠券列表，方便消费者领取，刺激消费。

（10）图片分享。完美瀑布流照片墙，便于高消费者与公众账号的互动行为，分享并点赞图片，拉动更多消费者关注及参与。

5. 售卖体系

（1）商品售卖。提供实物售卖货架，通过该功能进行商品上架、查看订单、处理订单、小助手核销订单。提供在线支付、货到付款、到店自提、送货上门等多种形式满足不同消费者需求。

（2）卡券售卖。提供购物卡券售卖货架，可以自主创建卡券、查看卡券订单、小助手核销卡券等；消费者通过微信支付线上购买卡券。线上和线下消费时使用，支持转赠好友使用。

（3）积分商城。提供线上积分兑换功能，不定期更新可用于积分兑换的商品及卡券，支持积分系统对接及积分核销，通过积分兑换机制增加会员黏性，带动会员二次消费。

6. 商场管理

（1）实体店管理。实体店电子化，轻松管理、切换不同实体店，展示对应实体店的信息；商户可自主创建实体店、生成实体店二维码，并用于线下扫码活动及数据来源分析。

（2）楼层导览。可视化楼层导览图方便消费者了解楼层分布、品牌信息及公共设施等，提升消费者体验。

（3）免费WIFI。集商用路由器和智能营销系统为一体的商用WIFI，为商户提供全方位的WIFI无线上网、广告推送、商户营销等无线营销解决方案，是一款增粉利器。

（4）智能停车。支持会员免费停车、积分兑换停车券等停车规则及停车地图导视。

7. 品牌管理

（1）品牌专区。支持线下品牌内容电子化，可自主创建、管理品牌店铺，发布品牌优惠、促销活动，并优先展示，方便消费者快速了解品牌活动。

（2）品牌优惠。页面聚合了全部品牌优惠及最新活动信息，定期推送不同品牌的优惠活动带动线下消费行为，同时引导消费者关注更多的品牌。

第六章 实体店的智慧化改造与升级

 **实体店网络化：将网络充分利用起来满足店铺发展需要**

在北京崇文门地界，有一家北京新侨三宝乐餐饮有限公司（以下简称三宝乐）旗下的面包店，这是一家在京城红了 32 年的老字号。他们家卖的面包美味可口、用料正宗，是一代北京人记忆中的经典美味。所以三宝乐面包店自从营业以来从早至晚店内外排长龙购买面包的队伍就没断过。

信息飞速流动的移动互联网时代，想要更快更多地接触到潜在目标消费，通过老客户之间口口相传的传播方式已经不能满足三宝乐目前的需求了。

为了解决面临目前的问题，三宝乐选择和智慧店铺的开创者掌贝合作，巧妙地借助微商城和会员系统以及卡券营销功能，满足了自己的发展需求。

打通线上渠道是突破点。掌贝提供的微商城功能，给三宝乐精准切入线上渠道的契机——消费者关注微信公众号后通过微商城，可以线上下单再到店内领取。除了上述三点外，还能使三宝乐更加合理地安排当天的产能。结果，三宝乐在 2016 年 7 月 22 日上线微商城功能以来，其公众号的粉丝数量每个月都稳定增长，新增微商城用户也保持上涨的势头，如图 6-6 所示。这意味着三宝乐转化线下消费者的方式已经步入正轨，并不断带来新的收入。

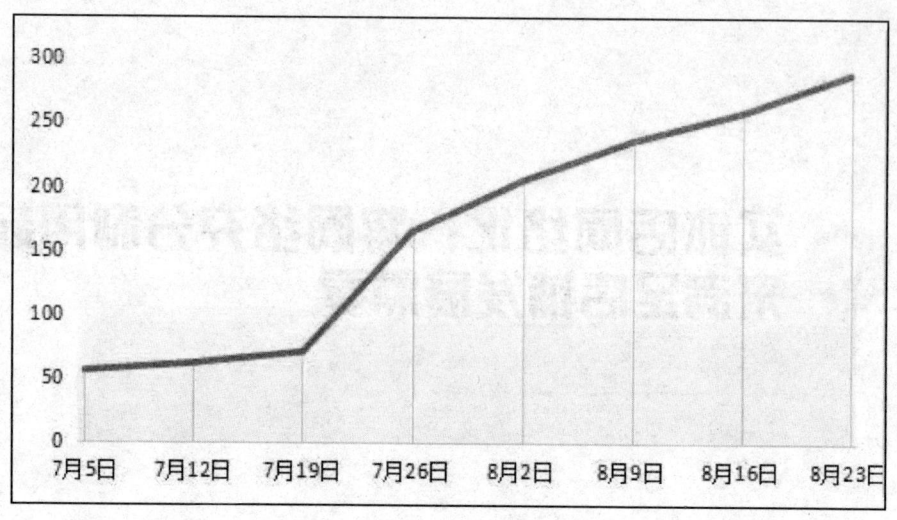

图6-6 一周粉丝增长情况

运营会员有妙招。在会员系统上,掌贝为消费者提供了简便快速的注册流程,为商家提供了丰富的营销方式和规则,根据自身门店的需求,三宝乐通过"会员积分"的形式来深度运营会员。上线了三个月,月平均会员转化率达到54%,超一半的粉丝都成了三宝乐会员;平均每个月,在微商城中会员的消费金额超过3万,有些会员甚至还养成了在微商城消费的习惯。如图6-7所示。

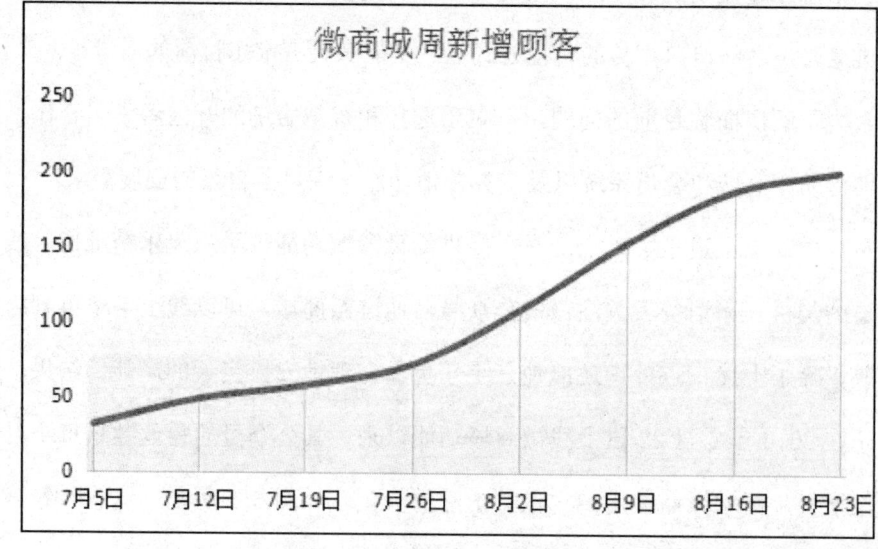

图6-7 微商城一周新增顾客

第六章 实体店的智慧化改造与升级

任何一家老字号也许都面临过三宝乐面包店一样的情况，有固定的消费群体固然是好事，但只有抓住更多的潜在消费群体，才能为老字号增加更多的机会与活力。当然，升级转型并不能一蹴而就，转型的节奏也必须结合自身的情况，三宝乐正是通过对自己需求的准确把控，从掌贝提供的众多功能中寻找单点精准切入，完成了经营智慧化、年轻化的第一步。一步一个脚印，这家老字号在智慧经营升级的路上走得平稳且坚定。

要想将"互联网思维"灌输渗透到实体店内，最重要也最核心的，就是取悦和迎合消费者为导向，跟消费者积极"互动"，并结合互联网技术，将实体店逐渐优化改造成"数字店铺"。

1. 实体店定位

对实体店的重新定位，在"卖好的"的商品基础上做到三点：一是专业，二是体验，三是服务。在未来，实体店要生存，就要用互联网思维优化自身，以"专业、体验、服务"作为核心基因。

2. 调整品类

实体店如何通过品类和陈列，来实现与其他渠道的区分呢？要在门口通道收银台对面和附近多安排一些能体现时尚、潮流的品类。现在，80后跟90后已经成为消费的主要群体，时尚品类的适当导入和陈列，不仅能吸引他们进店，还能体现实体店跟其他渠道的本质不同：更时尚、更专业。

3. 调整模式

未来，实体店的终极模式，就是要借助互联网和移动互联网的东风，将实体店逐渐优化成"实体+智能"于一体的"数字店铺"，最终实现以互联网为主的线上线下的全渠道O2O商业模式。通过移动手机客户端APP、网站、微店，

以及微信等社交媒体平台,实现线上线下对消费者24小时"随时、随地、随心"的无缝链接。

4. 消费者传播

要成功实现"数字店铺"的营销推广,就要重视建立自己的自媒体平台,将各种社交媒体组合成一个有利于自身发展的互联网自媒体推广、宣传平台,实现对商圈和消费者的低成本精准营销、大范围拓客和集客及互动式会员管理。

第七章 / 智慧店铺的营销手段

全员营销：联合所有的力量一起做营销

全员营销是一种以市场为中心、整合企业资源和手段的科学管理理念，是人人营销、事事营销、时时营销、处处营销、内部营销、外部营销。

采用这种营销方式，员工就可以对本店的产品、价格、渠道、促销、需求、成本、便利、服务等可控因素进行合理配合，满足消费者需求，这就是所谓的营销手段的整合性。同时，员工还会以营销部门为核心，将研发、生产、财务、行政、物流等各部门统一起来，以市场为中心，以消费者为导向，进行营销管理，这就是营销主体的整合性。

全员营销适合于不同行业的实体店。操作简单，并不复杂，但关键是能否坚持下去。如果想开展全员营销，就要由被动变成主动、从不自觉变为自觉，要严抓不懈，认真执行，流于形式，全员营销也会成为一个口号。我对智慧店铺全员营销的建议如下：

1. 树立全员营销观念

如果想实现全员营销，首先就要明确"全员营销"观念，要让商户引导员工建立此观念。平时在例会中不断地宣贯，让员工从内心到实际行动都"全员营销"。比如，对于旅行社来讲，内务人员也可以开个微信公众平台、建个博客来宣传自家旅行社的线路及花絮照片，如果把每篇文章及图片都绑定公司网站的链接，也会有不小的收获。

2. 规范全员营销项目

在刚开始的时候，"全员营销"可能只是一个概念，没有多少实质性的内容。可是，在观念建立起来后，全员营销的内容会被不断充实和完善。电话接线员做的是电话营销，服务员做的是服务营销，网络维护员做的就是网络营销，最终实体店就会变成一个具备极强战斗力的营销整体。

3. 提升员工的专业程度

不管做任何工作，首先都要让自己成为专才，之后才可能得到成功。对于参与全员营销的所有员工来说，只有做成专才，才能在营销会战中获得先机。

4. 完善激励机制，有奖有罚

良好的激励机制及措施，是全员营销的重要推力和决定因素。在推动全员营销的时候，许多实体店都会感觉推动乏力或缺乏效果。其实，除了领导层的重视度及员工执行力等因素外，最重要的就是激励机制是否完善。

比如，可以建立员工积分奖励制，对于表现好的员工奖励积分，积累到一定的积分可以兑换礼品或者消费券；公开表扬员工，每月评选出优秀员工等。

总之，全员营销的管理理念不仅可以提高实体店的经营管理水平，还能让所有员工关注或参加到对营销活动的分析、规划和控制中，努力让消费者满意度最大化，让实体店提高市场竞争力。不夸张地说，若是可以正确地实施全员营销，那么实体店的经营管理水平就已经超过了80分。

智慧店铺——实体门店的未来

互动营销：跟消费者多互动、多沟通

在介绍互动营销之前，我们先来看一个案例：

深圳市招财猫礼品有限公司（以下简称招财猫），线下直营实体店有70多家。

为了取得转型突破招财猫在2014年圣诞节第一次尝试通过微客户实行移动互动营销。使用"圣诞砸蛋"的微营销手段，销售额比同期增长了43%，还累积了大量粉丝。之后，在"智慧店铺"的帮助下，招财猫彻底冲破了传统商业模式发展瓶颈。

微营销。招财猫转型选择的切入点是，怎样以营销活动为激发点部署招财猫智慧店铺。这一策略精巧地把招财猫最大的优势——线下资源发挥了出来。依靠各实体店的线下资源，经过线下多样化的互动营销，稳打稳扎地将线下消费者引流至线上，形成了黏性消费者群及口碑传播。在活动过程中，消费者只要领取了优惠券，自动关注招财猫的公众号，就会为招财猫移动营销增添窗口，不仅可以在线下拉入大量新客户，还能在线完成新数据和营销资源的沉淀。

摇一摇享优惠。由于背后有强大的数据支撑平台，每个店员都能分到一个独立的二维码。实行"人人推广"的分销模式，彻底改变了招财猫传统的经营

第七章 智慧店铺的营销手段

模式。沉淀了大量粉丝后,粉丝会员机制与会员营销的管理库越来越大,品牌形成了联动反应,促进了品牌价值的开发。

在目前线上线下价格趋同背景下,不管使用哪种渠道,任何实体店都没有绝对的价格优势。所以,需要寻找兴趣点,结合消费者感兴趣的O2O项目,进行新型互联网化实体店推广。通过各种免费课堂的模式,吸引精准消费群体,让大家走进来,之后再慢慢了解,逐渐挖掘出消费者潜能,这才是实体店"面对面"的优势所在,也是互动营销的真谛。

所谓互动营销,就是在营销过程中,实体店充分利用消费者的意见及建议,对产品进行规划及设计,为实体店的市场运作服务。其实质就是,充分考虑消费者的实际需求,切实实现商品的实用性。其作用主要体现在:鼓励人们相互学习、相互启发、彼此改进,通过"换位思考",带来全新的问题观察视角。

一、完整的互动营销

一般说来,完整的互动营销主要包括下面几部分:

1. 目标消费者的精准定位。要想实现目标消费者的精准定位,既可以有效地通过消费者信息分析,依据消费者的消费需求和消费倾向,应用消费者分群和消费者分析技术,识别出业务营销的目标消费者;也可以为合理地匹配消费者提供适合的产品支撑。

2. 完善的消费者信息数据。在强大数据库基础上,可以将消费者接触的信息进行有效整合。之后,在消费者反馈和消费者接触等特征的基础上,为完善消费者接触记录提供建议,为新产品开发和营销提供准备。

3. 促进消费者的重复购买。通过消费者的消费行为,结合预测模型技术,有效地识别出潜在的营销机会,促进消费者的重复购买,为消费者提供有价值的建议。

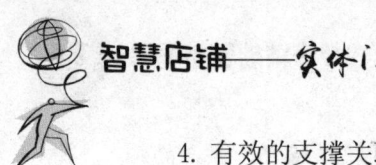

4. 有效的支撑关联销售。通过消费者消费特征和消费倾向分析，以及产品组合分析，促进关联产品销售，实现消费者价值的提升，为实体店主动提供营销建议。

5. 建立长期的消费者忠诚。结合消费者价值管理，整合消费者接触策略及计划，给建立长期的消费者忠诚提供信息支撑。同时，还可以有效地支撑消费者维系营销活动的执行和管理。

6. 实现消费者利益的最大化。如果想实现消费者利益的最大化，就要用稳定可靠性价比高的产品、便捷快速的物流系统支持、长期稳定的服务，实现消费者心灵的感化及关怀。消费者权益的最大化是互动营销设计的核心理念，使用欺骗、虚假等手段，只会让实体店的互动营销走向灭亡。

二、智慧店铺的互动营销

我们都清楚，营销行为离不开实体店和消费者的互动，单独一方的"自嗨"，并不是营销。所以，怎样调动消费者的积极性，让他们参与到活动中并形成良好的互动，是衡量营销能否成功的标准之一。一般来说，都是这样进行互动式营销的。

1. 品牌活动。比如，由航班管家和新世相合作所发起的"4小时后，逃离北上广"就是一个特别成功的引爆案例。

2016年7月8日早上8点，很多人都在朋友圈看到这样一条信息：在北上广三大城市的机场，有30张往返机票，4个小时后起飞，可以带你去一个未知的城市，赶到机场，就能放下当前的事情来一场说走就走的旅行。这条呼吁看起来是某个脑子发热的家伙发出的呐喊，但正好戳中了无数上班族想要逃离北上广苦逼生活的心，文章立刻就被疯狂转发。数据显示，早上8点推送的文章，30分钟后阅读量就突破10万，下午14点30分阅读量突破100万，涨粉近10万。

这品牌活动的效果,太强悍。

2.利用公众号。图文消息、评论留言、评论功能等,都是微信给原创公众号的独家功能,也是给粉丝提供的做互动的最简单有效的一种方式。进行互动营销,完全可以将公众号充分利用起来。那么,公众号如何才能增加互动性,与消费者互动起来呢?具体方法如下:

(1)互动栏目。在策划公众号时,可以直接策划一些带有互动性质的栏目。比如,设置一些"企业招聘""人才求职"等栏目,消费者如果有招聘或求职需求,可以发过来,商家就可以在公众号中免费帮他们发布,会大大增强消费者对商家的好感,黏性自然大增。

(2)内容互动。可以在公众号的内容中,跟消费者互动。比如,在文章中引用消费者评论、来信等。

(3)互动调查。调查也是一种非常传统却非常有效的方式,不但能与消费者经常互动交流,还能搜集到各种数据,了解消费者习惯等。

(4)有奖竞猜。如猜歌名、猜谜语等,都能让消费者乐此不疲。如果想提高效果,可以设置一些小奖品来刺激。

(5)有奖征文。如果公众号影响力不错,消费者群足够大,征文也是一个非常不错的方式。

(6)答疑解惑。如果条件允许,可以设置一个答疑类的栏目或环节,每天固定时间帮助消费者解答问题。

(7)消费者评比。可以周期性地推出一些消费者评比活动,比如最活跃消费者、转载量最高消费者等。一是能够与消费者产生互动;二是能够树立典型,培养核心粉丝;三是让消费者之间产生竞争感。

(8)抽奖游戏。抽奖类的活动或游戏,是消费者最喜欢参与的了,比如

刮刮卡、大转盘等。

3. 利用公众号的自动回复。消费者都渴望与商家互动，完全可以跟消费者玩一些互动游戏，设置一些有意思的回复，比如智能机器人、点歌、讲故事，甚至还可以用自动回复设置一个带着剧情的游戏。公众号都有自动回复功能，完全可以通过问答的方式，跟消费者进行交流和互动。

4. 跨屏互动。曾经，麦当劳在马来西亚户外大屏上做过一个小游戏：

大屏上，一个甜筒在炎热中一点一点化掉，旁边一个小风扇无力地转动。看了之后，很多人都会感到特别可惜。这时工作人员就会走过来，引导你扫二维码。在扫完之后，就会出现一个小风扇，由你亲自拨动。拨动的人数越多，风扇就转得越快，甜筒自然就化得越慢。当甜筒最终恢复到与原状一样完好时，相当于拯救了这个甜筒。这时页面就会提示：作为奖励，送你一支甜筒，到附近的麦当劳免费去领取吧。

一个简单的互动，会让人们有种成就感，会觉得这个奖品就是自己拯救甜筒所得，吃起来也会格外香甜。当你跟其他人讨论起这件事情时，自然就会形成口碑传播。

5. 弹幕。弹幕，开始时很多人都排斥它，觉得会影响视频的观看。但是时间久了，大家都能接受了，看视频时也会不自觉地发一发弹幕。要知道，弹幕不光可以实时进行评论及互动，还可以对视频进行再创造。现在，很多视频的弹幕比视频还好玩儿，很多人都会先看一遍原版，再看一遍弹幕版，乐在其中。

6. 直播。关于直播的威力，相信大家都知道：不仅可以让我们直观地、真实地、及时地看到主播，还可以实时地和主播产生互动，了解越深，互动得越多，就越忍不住想给主播打赏，主播推荐的东西也会去主动购买。

 会员营销：将消费者吸纳为会员，做好会员维护

会员营销，是一种基于会员管理的营销方法：将普通消费者变成会员，分析会员消费信息，就可以挖掘出消费者的后续消费力和终身消费价值，把消费者价值最大化。

会员营销是实体店经营最为基本的营销方式，也是最不能忽视的经营方式。伴随着市场的发展，会员销售也经历了三个阶段：

第一阶段，以发放实体会员卡为主，会员经营主要是对于卡的管理，认卡不认人。

第二阶段，主要是发展电子会员。消费者预留手机号，通过手机接收商家的各种优惠信息。

第三阶段，是全渠道会员营销管理。利用多渠道互动，将消费者和商户紧密联系在一起，包括会员卡、社交平台等。同时，通过大数据分析，开展会员的精准营销。

会员营销发展的三个阶段，从粗放式管理到现在的精细化会员管理，不仅

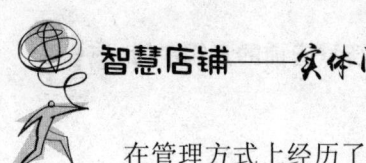

智慧店铺——实体门店的未来

在管理方式上经历了大幅转变,商家发展会员的重心也在逐渐转移。可是,在目前市场上,很多实体店的会员营销方式依然停留在前两个阶段。收集到消费者的手机号后,有事没事都发点垃圾营销短信,让消费者不甘其扰,会员留存和口碑逐渐下降,营销自然适得其反。

一味地追求吸纳新会员,忽视会员的维护和管理,不重视挖掘会员的后续消费潜力,只会带来弊端,如:会员缺乏有效的管理、黏性低、流失快、回头客少、二次消费率极低等。

移动互联网时代的到来,虽然给实体店带来了运营模式的改变,同时也是一种挑战。费了九牛二虎之力说服消费者办理了会员卡,消费者却总是忘记带卡,该给他优惠呢,还是应当委婉拒绝?拒接,消费者定然生一些怨气;接受,又确定不了对方的真实身份,如何是好?其实,这种尴尬在互联网时代是不会发生的。

智慧店铺的标配,就是使用电子会员卡,不仅能增加消费者使用会员卡的频率,还可提高消费黏性。智慧店铺通过移动支付,把消费者用粉丝的形式导入到商家运营的公众号,建立起店铺和消费者的关联;另外,电子会员卡的在线领取、在线充值、使用移动支付等都具有自动折扣、计算积分等特点,对于消费者极具吸引力,可以有效地将消费者转化为会员。

智慧店铺是线下实体店转型的方向,那么该怎样使用会员卡去做营销呢?我们在这里总结了智慧店铺会员卡运营的六大窍门:

1. 同步卡包:电子会员卡永不丢失

随着移动支付的普及,现代人出门连钱包都不愿意带,更不要说一叠叠硬邦邦的会员卡了。闲置时间长了，商家所派发的会员卡也就被消费者"遗失"了。

电子会员卡能够同步到微信卡包，基本上不会遗失。实体店在成功派发会员卡后，可以提示消费者激活会员卡并同步到卡包，如此消费者就能快速找到会员卡，会员卡积分和金额也是一目了然。

2. 快速折扣：自动识别会员身份

只有展示会员卡才可以享受会员价？不，只要消费者领取并激活了会员卡，付款时扫描二维码，系统就会自动识别会员身份并给予折扣优惠，快速完成扣款。省略了会员身份识别环节，就会大大缩短付款时间，提高消费体验。

3. 品牌曝光：不断地提醒会员通知

电子会员卡并不会遗失，但是可能会被遗忘，怎样才能不断地给消费者"刷存在感"？方法就是：一旦会员卡中的积分发生了变动，消费者就会收到会员通知，如此不仅会增加品牌的曝光度，还能进一步推送优惠信息，激发消费欲望。

4. 会员设置更改：会员卡切换

在设置完会员卡后，部分条目根本无法更改，比如，会员卡名称、有效期、是不是支持积分和储值等。如果实体店因为营销需求要变动设置，操作也十分简单。只要按照新要求重新设置一张会员卡，并把新会员卡切换为主卡，就可以将原有会员卡的会员资料全部导入到新卡中，在会员卡界面消费者就能看到新会员卡内容了。

5. 积分抵现：设置抵现上限

在会员CRM系统中，可以设置积分抵现上限。比如，100积分抵现1元，

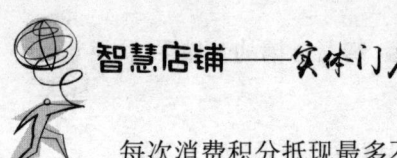

每次消费积分抵现最多不可以超过单笔交易金额的5%。这样，积分消耗就不会太快，更可以深度地绑定消费者；同时，商家还能够决定是不是要打开积分抵现开关。

一般来说，在经营旺季的时候，可以关闭积分抵现，提高积分奖励，以便让消费者得到更多积分；在经营淡季的时候，就要开启积分抵现，逐渐刺激会员消费。

6. 拉客营销：会员派发量化考核

怎样把优质消费者转化成为会员，是管理者感到苦恼的一个大问题。为了实现这一目的，很多实体店都会招聘店员，但效果一般。为了解决这个问题，通过拉客手环，实体店就可以看到各实体店会员卡的派发业绩并设定奖励，提高店员派发会员卡的积极性。

大数据营销：将大数据融合到营销的过程中

通过对大数据的挖掘，会让实体店有许多有趣的发现。事实上，对于大数据的运用，也顺应了实体店战略转型的需要，这就是大数据营销的魅力所在。

那么，究竟什么是大数据营销呢？所谓的大数据营销，就是基于多平台的大量数据，依托大数据技术基础，应用于互联网广告行业的一种营销方式。大数据营销衍生于互联网行业，又作用于互联网行业，依托多平台的大数据收集和大数据技术的分析及预测能力，可以让广告更加精准有效，给品牌企业带来更高的投资回报率。

对于传统的线下实体店来说，一般都是通过和消费者直接接触的方法来获得消费者喜好和习惯的。可是，随着消费者流动性的增加，这种方式已经不合时宜。

移动互联网时代，仍然依赖原有的营销手段，势必会被时代淘汰。只有借助智能系统和工具，更加有效地收集数据并且进行统计分析，才能真正了解新

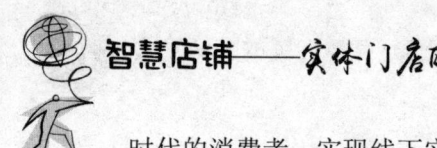智慧店铺——实体门店的未来

时代的消费者,实现线下实体店的升级。

1. 支付数据

广州天河商圈是全国最大的商圈,时尚天河就位于天河商圈的核心地带,是集购物、餐饮、休闲、娱乐、景观为一体的大型地下商业广场,日均消费者接待量高达12万。

时尚天河吸引着年轻消费人群及中心商圈的优质白领,为了应对消费群体喜欢使用移动支付的需求,时尚天河引进了智慧店铺服务平台。

交易趋向留存化。时尚天河的人流量非常大,当次消费交易之后,走马观花式的客流比较容易流失,商家无法形成消费者留存,消费者消费黏性较低。而智慧店铺却可以帮助商家与消费者建立关联,为二次营销奠定基础,提升消费者留存率。比如,春之花是时尚天河里的特色零食铺,购买过的消费者一般都会赞不绝口。然而,时尚天河是座巨型迷宫,即使曾经到店消费过,下次再来也不一定能找到。可是,通过微信支付自动关注商家公众号,消费者就可以在公众号菜单栏找到地址和指引,再次回到店内消费。

营销趋向规模化。多个商家联合起来进行营销,便会产生奇妙的规模效应,大大降低营销成本,极大地提升营销效果与声势。2016年"五一"假期,众多商家聚拢在一起进行互联网营销,人气空前火爆。接入智慧店铺的数百家商家,使用智能终端进行线下收款、优惠券核销,彻底实现了O2O经营闭环。

一直以来,时尚天河在与消费者互动方面都走在行业前列。智慧店铺的引进,是时尚天河前进道路上的有益尝试,打造了一个更加完善和丰富的智慧商城。

支付数据指的是,消费者在实体店完成支付后留下的数据,包括:客单价、

消费品类等。

从B端进行分析，就能了解每个品类的消耗率，之后就可以积极调整产品进货和推广策略。从C端进行分析，能够了解每个消费者的消费能力、偏好、频次等信息。

在定义消费者的偏好属性后，商家就可以为不同的消费者提供个性化营销方案，比如发放不同的优惠券、提供不同的会员营销方案、推送不同的消息等。

在消费者消费的过程中，实体店一定要记录所有的支付数据，帮助商户与完成支付的消费者连接起来，得到消费者信息。随着数据量的不断积累，商户就会得到所有完成消费的消费者群体特征，就会了解到不同时段、地区的消费特征。

在掌控了消费者群体属性和消费习惯的基础上，实体店就可以为他们制定更有针对性的营销决策了。

2. 营销数据

智慧店铺可以为商家提供很多种营销渠道。而且，所有营销渠道里的数据信息都会被记录下来，进而为商家优化营销提供凭据。

比如，实体店设置并且发放优惠券、会员卡，就可以从后台获得优惠券和会员卡在每一个时段的派发量、核销率，估算营销效果并进行实时调整。

又如，设置了微页营销、游戏营销，商家就可以从后台获知微页、游戏等的浏览数、分享数、优惠券所派发的数量，优化在线营销效果。

由此可见，善于分析的实体店完全可以在后台按照各营销渠道的数据进行深入分析，通过比较的方式，可以得到最大回报率的营销方式，从而轻松找到合适自己的店铺、适合所有层级消费者的营销方式。

3. 第三方平台数据

如今,很多实体店都会参加团购、外卖等第三方平台。可是,各平台相互之间的数据都处在分裂状态,商家无法顺利地进行数据的整理和分析。

智慧店铺不仅对接了美团、大众、百度糯米等团购平台,还联合百度外卖、饿了么、美团外卖等外卖平台,帮助实体店快速统一核销团购券,对外卖订单信息进行了统一管理;还能帮助实体店整合各平台的团购和外卖数据,各实体店只要根据数据,就能实时调整经营重点,实现利益最大化。

让商品流动的速度加快、及时清理库存,是降低成本及风险的重要措施。大数据能帮助实体店更好地管理销售和库存。有了这些数据,各实体店就可以及时调整资源配置了。

第七章 智慧店铺的营销手段

互联网自媒体平台：建立一个属于自己的互联网自媒体平台

株洲纯时光咖啡（以下简称"纯时光"）是一家为消费者提供优质饮品和良好环境的咖啡厅，主打顶级中度烘焙咖啡系列、台湾松饼（华夫饼）系列、经典意式冰激淋系列、中国传统茶饮系列等，开业以来受到了消费者的一致认可。在河西店两周年店庆时，"纯时光"借助智慧店铺展开了强大的营销攻势，成为全城的热点。

速制微网页。通过智慧店铺平台快速制作了微网页，并特别设置分享便能够获取优惠券一张，随后在自己公众号上发布。仅用了短短的几天时间，浏览微网页的人数就多达 3929 人；还有 1394 人在引导下分享了网页并领取优惠券，分享率达到 35.5%，优惠券派出了 1300 多张。此外，"纯时光"通过系统平台快速制作了猴子偷寿桃等趣味小游戏并在公众号上发放，互动性极强，引得粉丝纷纷关注。活动期间，取得了近 10 万点击量，游戏参与人数超过 6000，品牌曝光效果十分惊人。

快速吸收优质消费者。在微网页、互动游戏、公众号推文、优惠券与会员卡发放等一系列营销手段的帮助下，"纯时光"消费者云集。为了将店内的优质消费者一网打尽，使之成为粉丝乃至会员，"纯时光"使用智慧店铺的手环进行店内拉客，量化各个的绩效，大大提高了店内营销推广的效果。

实体店要想成功地实现"数字店铺"营销推广，就要建立自己的自媒体平台，把各种社交媒体组织成一个互联网自媒体推广、宣传平台，实现对商圈和消费者的低成本精准营销，大范围拓客、集客。

一、常见的自媒体平台有哪些

常见的自媒体平台主要有：

1. 微博类平台。一直以来，微博都是社交的重要阵地。博客具有开放和传播迅速的优点，所有的新闻都可以在第一时间通过微博传播出去。

2. 公众号类平台。比如，微信公众号、QQ公众号等。这类平台都有着极强的自主性和垂直性，同时也有很强的私密性。在一个类别的公众号类平台中，可以先推各微信公众号，开通个人订阅号，5分钟搞定，每天最多能发8条，元老级别的公众号能推送3～5次。

3. 新闻类平台。比如，今日头条、网易自媒体、一点咨询等平台，都是定位于个性化新闻推送的平台。因此，不管你有多少消费者，只要你的文章内容有料，依照后台的推荐算法，也可以把你的文章推给千万平台消费者。

4. 博客类平台。博客类平台有什么好处？第一，每天发送的数量没有限制；第二，博客类，特别是新浪博客被搜索引擎收录的比率非常高；同时，还会被豆瓣、天涯、贴吧等收录。

博客类平台的问题，在于流量和关注度分散，不利于同一兴趣人群聚焦，为了解决这个问题，可以尝试使用知乎等问答类平台。

5. 问答类平台。每篇文章按照不同的主题都可以搜索到关联的问题，如果确实没有，就去找朋友的知乎号自问自答。知乎有着很强的针对性，关注者质

第七章 智慧店铺的营销手段

量特别高,只要你有不错的观点,内容质量高,就可以收获很多优质粉。同时,知乎也可以方便地转发到微博和微信朋友圈,加上强大的百度收录率,非常方便传播。

6. 专业类平台。像钛媒体、虎嗅网、创业邦等,都是投稿机制,选用率不高。可是,如果想在业内有一定的影响力,那就一定要坚持写,投稿——被毙掉——再投——再被毙。在这个领域具备了一定的影响力,甚至可以尝试去FT中文网。说不定会有出其不意的惊喜。

二、实体店如何建立互联网自媒体平台

如今,大家都在炒作自媒体,无论是做微商,还是做淘宝,只要是和互联网相关的都在借助自媒体。互联网是一个大信息时代的大平台,如果想传播,就要有很多的信息,这就需要平台,自媒体正好是最好的平台,并且相当一部分是免费的。

每个平台都会邀请自媒体人入驻,之后再创造内容,进而产生更多的流量。相对于平台来说,流量是什么?流量就是钱,就是他们赚钱的方式。那么,做实体店,该如何借助移动互联网宣传自己的品牌呢?每个个体都是自己的品牌。对于实体店而言,实际打造个人的品牌最为重要。产品毕竟都是代理厂家的,将个人品牌打出去后,无论做什么产品,都会特别轻松。那么,要怎样去打造呢?

1. 认真做好定位。为自己定位,最好跟自己的产品有关系。要将自己定位成某个领域的专家。比如:你是做净水的,就要将自己打造成净水专家;做装修的,就要将自己当作装修专家。

2. 利用好自媒体平台。要按照自己的定位,起一个统一的名字,要简单好记、记忆性强悍。这里给大家推荐几个常用的自媒体平台:今日头条、博客(新浪、网易、天涯)、百度贴吧、微博、搜狐自媒体、UC订阅号、QQ空间、豆瓣、

简书、微信公众平台等。

3. 优化文章。挑选几个自己使用起来比较方便的平台，然后写文章。文章要从自己熟悉的领域开始分享，依照专家的思路打造，在每篇文章下面还要留下自己的联系方式、微信号，以便人们可以联系到你。先写 100 篇，发布到不同平台，只要搜索与你所在行业相关的字眼，就可以找到你。如果没有时间做，可以招聘一个文案编辑，专门来做这件事情。后期的文章，要做个针对性优化，可以花钱做个全网的推广优化。在网络上，你已经形成了案例，别人只要搜索，就能找到你，那么你需要的就是转化技巧了。

4. 精心打造内容。消费者见证是最好的内容打造，将消费者的见证发布到自己的自媒体平台，是最好的传播方式。

5. 将价值扩大化。研究出一套系统的模式后，要为成功案例招募会员，针对不同的行业做好服务。这不仅是一种非常好的赚钱方式，也能扩大圈子，为自己的产品带来潜在消费者。

让员工参与进来：调动一切能用的力量

有这样一个现象：后台怎么对待员工，前台就会如何对待消费者。现在实体店的用工对象基本都是90后为主的新生代群体。他们讨厌"说教式"的家长化管理，不喜欢死板、单一的工作，缺乏60后、70后的吃苦耐劳精神，即使采用工资激励的方式，效果也比不了上一代员工。可是，这样的员工具备独立的审美，以自我为中心，对潮流和时尚的感知能力更加敏锐，具备个性的表现能力，对于营造实体店的时尚和个性化更具优势，也更善于用互联网新工具和别人沟通。

线上销售时，年轻员工更具有优势，网站、手机网站、微信网站、网络商城等等他们玩得都特别顺手，所以要善于整合这一代人的优势，让他们参与进来；要采用"互动式"目标和绩效管理，构筑一个执行有力、快乐工作的年轻团队。以这样的管理和团队作保障，员工才能投入到销售中去，才可以最大限度地接近消费者。

一、全员自媒体营销

全员网络营销的诞生是顺应网络营销环境发展的必然结果，可仅仅"顺应"远远不够，从企业网络营销发展现状及趋势来看，全员网络营销思想对于实体店的网络营销策略确实意义非凡。

1. 提高营销能力。全员网络营销，最重要的一个价值，就是业务营销能力特别是网络营销能力的提高，是网络营销策略的一次重要升级。近几年来，传统实体店对网络营销的重视程度越来越高，在通过网络营销提高企业竞争力方面投入的资源也很多，很多实体店都把互联网作为提高综合竞争力的一个重要途径。所以，怎样有效利用各种资源去提高网络营销能力，已经成为提升实体店整体经营绩效的重要途径之一。

2. 有效传递信息。网络营销的基础职能，是利用互联网渠道向潜在消费者传递有价值的信息，其核心就是围绕信息源及信息传递渠道的构建，为消费者获得营销信息提供尽可能的便利。实施全员网络营销，不仅有助于调动更多的网络营销资源，扩大网络营销信息源、拓展信息传递渠道，还可以通过很多方式跟信息接收者建立联系，让网络营销的信息传递跟交互更为有效。

二、做好全员网络营销的关键

要做好全员网络营销，关键要做到以下几个方面：

1. 树立全员网络营销的观念。全员网络营销观念特别重要，实体店要让员工建立此观念。要在平时的例会中不停地宣贯，让员工从内心到实际行动都重视"全员网络营销"。

2. 规范、充实内容。全员网络营销的内容,在开始的时候也许只是一个概念,并没有多少实质性内容。可是,在观念建立起来后,其内容就会不断地充实和完善。

3. 提高员工的专业程度。对于参与全员网络营销的员工来说,只有成为专才,才能在营销会战中取得胜利。比如,旅行社的员工,需要掌握的专业知识包括:产品方面的内容,不管是业务部门,还是其他部门,都要牢固掌握,关于行业政策法规、发展动态、行业趋势等信息。

4. 完善激励机制。良好的激励机制和措施,是全员网络营销的重要推力,很多旅行社在推动全员网络营销时,都觉得推动乏力或缺乏效果。实际上,除了领导层的重视程度及员工执行力等因素外,最为重要的是,激励机制不完善、落实不到位。

第八章 智慧店铺要以客户为中心

智慧店铺——实体门店的未来

一站式服务：打动消费者的制胜法宝

所谓"一站式服务"实际上就是指，只要消费者有需求，只要进入某个服务站点，所有的问题都能得到解决，没必要再找第二家。从本质上来说，所谓的一站式服务，就是一种系统销售服务。

为了赢得消费者，实体店可以不断地扩大经营规模和商品种类，从而最大程度地满足消费者的购物所需。而要想实现这一目的，就要准备充足的货源，让消费者在一个商店里买到几近所需的商品。同时，还包括一站式搬家服务、前段打包、运输等一站式精品搬家服务。

今天，"一站式服务"已经有了成功的范例。比如，某百货商场，周边居民的生活就非常简单：商场楼上能做美容、能吃饭，楼下能逛超市、能买蔬菜水果、能干洗衣物，在一层的自助终端上还能缴水电费，商场还提供了再生资源回收、宠物服务、银行、家政等生活服务，居民只要下楼一次就可以解决大部分生活问题。

如今，各实体店面临着前所未有的复杂局面，消费的升级给实体店带来了最新的机遇和挑战。为了适应新的消费模式及消费需求，实体店就要突破传统

第八章 智慧店铺要以客户为中心

行业发展瓶颈，积极推进转型。可喜的是，有些实体店已经意识到了这一点，比如下面提到的苏果超市。

苏果超市是如何满足消费者的多方需求，为他们提供一站式服务的呢？

1. 调整商品结构，应对消费升级

伴随新的消费观念和主流消费人群的改变，原本的商品结构已经无法适应现在的市场发展。苏果超市对商品体系进行了升级，淘汰了6000多种低效的老化产品，补充了国产高品质、进口商品的数量；引进了跨境购，提高了进口商品单品数量，对品类进行了扩展，涵盖休闲食品、红酒、洗化、健康、调味、厨房用品等品类。

在生鲜方面，苏果还进行了一系列尝试，引入了健康生活、绿色消费的概念，对于中高档生鲜产品进行了一定程度的扩充及提升。

2. 建立品类中心，提升服务体验

让实体店变成一种休闲体验，也是传统行业与互联网消费模式的重要差异。

为了优化市民的消费体验，苏果超市逐渐在实体店设立了品类中心，这也是其升级改造的一大亮点。主要有："厨卫中心""婴童中心""洗护中心""粮油健康中心""糖巧中心""宠物口粮"等品类中心。其中，厨卫中心，不仅引入了中高端厨卫小家电，还提供现场试做、试吃服务；婴童中心，则集中了大童、小童所需的衣食住行各种商品，极大地丰富了商品体系。此外，苏果还对货架进行了量化，突出了商品陈列美感。

3. 多方合作引入线上线下模式

为了应对互联网对于传统行业的冲击，苏果和南京梧桐邑达成了战略合作，借助精准的大数据分析，进一步提高了消费者体验；将线上和线下的优势进行

智慧店铺——实体门店的未来

互补,对实体店进行了升级。梧桐邑主要是为南京高端小区提供配套生活服务的,专门为苏果打造了线上平台,实现了"苏果到家"服务(在线下单、一小时送达),帮助苏果完成了转型。

线上商品和实体店保持同步,线上价格更加优惠。配送人员按照就近原则进行配送,保证了商品的新鲜度,提高了消费者即买即达的消费体验,满足了消费者多种形式的购物需求。

如今,这一服务已经覆盖苏果包括河西奥体庐山路店、新庄购物广场店、亚东文苑路社区店等十几家实体店,服务范围已覆盖河西、仙林和主城区,服务小区已然扩展到了南京 200 多家中高档小区,并且逐渐扩大。

4. 多业态实体店满足全方位需求

苏果是国内为数不多的"多业态"超市之一。按照苏果的多业态战略,五大业态分别瞄准了不同的消费群实现了差异化功能定位,对于市场进行了全方位的覆盖。比如,亚东文苑第三代生活超市。升级后的实体店仅运行了三个月,客单价就提升了 24%、来客数提升了 17.5%、销售额增长了 45%、近 7000 支商品动销率高达 95%……。苏果"好的"第三代便利店得到 2015 年度"CCFA 中国便利店创新大奖",正是行业对苏果业态升级的肯定。

第八章 智慧店铺要以客户为中心

体验超预期：给消费者提供超预期的服务体验

对于消费者体验，如今各实体店都异常重视，可是当大家都重视、当消费者习以为常的时候，也就没有什么竞争力了。智慧店铺，不仅会重视消费者体验，更会为消费者提供超越其预期的体验，让消费者大声尖叫。

茂名"SUN•地"位于茂名最具人气的文化广场商圈的地下负一层，是国内著名的主题体验式、时尚下沉式商业街区，囊括休闲娱乐、购物餐饮、情景体验等多功能业态。其紧抓时代潮流，为消费者提供了最便捷、最舒适的服务。

随着互联网O2O发展趋势不可阻挡，为了更新消费者服务体系，2016年"SUN•地"引入智慧店铺，进一步为消费者提供了超预期的服务。

融合收款，统一对账方便多。智慧店铺的融合支付功能有效推动"SUN•地"更好地顺应时代发展的潮流。商户提供的资料显示，在2016年9月26日～10月23日，手机支付比例为79%，微信支付占比61%，微信每日平均接单上涨46%。各种支付方式集中于一个终端，统一收集数据，最大的好处就是商户再也不用核对各种平台的支付信息然后分别对账，大大节约了时间和精力，有效提高了工作效率，更有利于店面业绩的提高。引入智慧店铺后，"SUN•地"的整体业绩持续攀升。

超强优惠券,全场景营销。智慧店铺的派券渠道多种多样,线上派券方式有:公众号派券、游戏派券、微页派券、商城支付后派券等,结合线下微信支付、银联刷卡、智能小二、手环等方式,形成了线上线下一体化的多场景卡券营销模式。不仅最大程度地宣传了商家,更让消费者随时随地享受到了优惠服务。

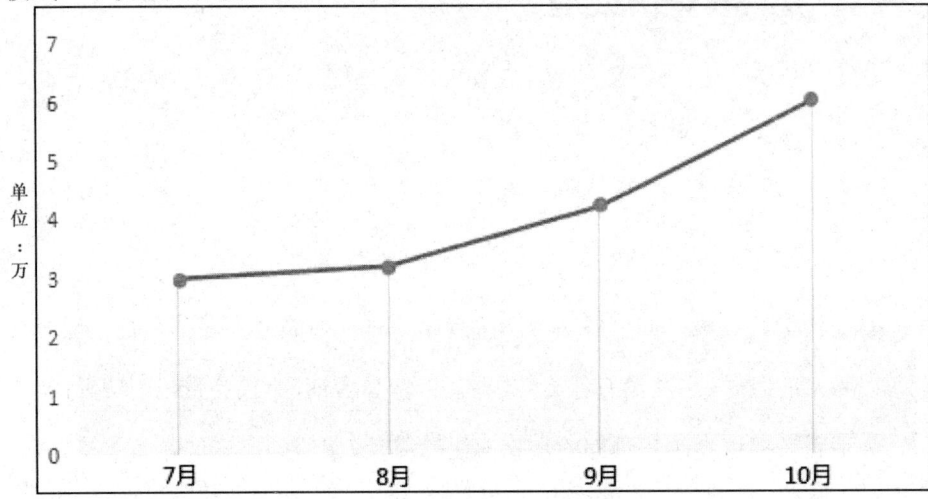

图 8-1　SUN·地优惠派发数趋势图

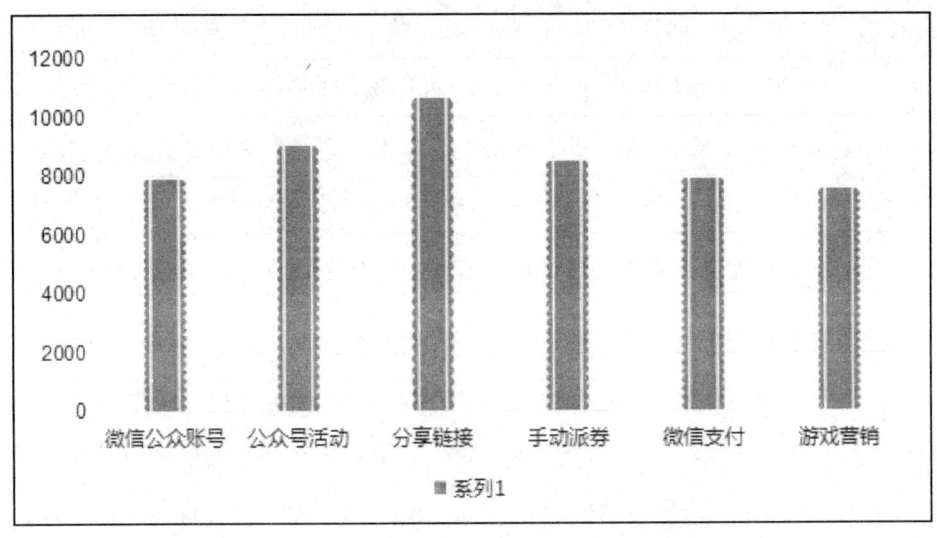

图 8-2　SUN·地各派发渠道优惠券派发数量分布情况

微页营销。10 月 31 日万圣节来临时推出的宣传微页,为"SUN·地"的节

第八章 智慧店铺要以客户为中心

日活动起到了很好的推波助澜的作用。商户可以直观地感受到微页的内容质量、营销效果，活动后统计数据更加简单。在这期间，商城的公众号粉丝增长迅速，大大增加了商家知名度，进一步拉拢了商户的潜在消费者，间接地为商家的营销收益打下坚实的基础。

对于商品，消费者一般都会抱有一定的希望，比如：希望它价格便宜，希望它耐用，希望售后服务良好，希望它送达方便……。当自己的希望得到满足，消费者心里就会感到满意；反之，就会觉得不满意，或者亏得慌。

由此出发，如果实体店为消费者提供的服务或体验超过了他们的预期，结果会怎样？举个简单的例子：商家举办促销活动，买一送一。在消费者心目中，只要送个价值10元的商品就可以了。可是，如果商家送的却是价值30元的且正好是消费者需要的，消费者会不会感动？如果现实远远超过预期，消费者会不会激动地尖叫？这就是真正意义上的"超预期"，也是智慧店铺能够做到的。

体验式商业的兴起，第一驱动力就是消费理念和行为的变化。在物资需求得到满足之后，人们更渴望获得一种精神层面的满足，购物被放在了第二位，心理体验摆在了第一位；而且，消费诉求除了购物，还有休闲、运动、娱乐、餐饮、培训等内容。所以，实体店就要想办法通过第一目的的精神需求引导至第二目的的消费需求，让消费者体验逐渐丰富起来。

1. 认真做好整体规划

设计体验营销策略的过程中，要将消费者需求作为出发点，全面考虑，整体规划，明确体验营销的目的和主题。因为，只有明确了主题，才可以合理地设计体验环境和活动，才可以从时间、空间等方面做出合理统一的整体策划，才能实现利用体验创造消费的最终目的。

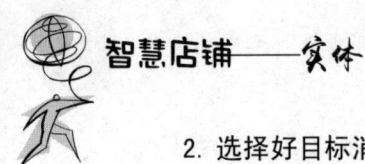

2. 选择好目标消费者

进行体验营销,实体店通常都需要投入很高的成本,所以准确地确定目标消费者和体验的产品或服务,就显得尤为重要了。一旦选择产生了偏差,很可能造成企业亏损,因此必须认真分析不同消费者对产品的挑选方式、购买地点及时间,准确选择目标消费者;同时,还要按照不同消费群体的消费特点准确设计体验产品和服务,营造出同目标消费者的心理需求相符合的体验过程,在体验中让消费者切实感受产品的优点及特点,打动消费者的心。

3. 提高消费者的参与性和互动性

在体验活动的设计过程中,要从消费者的角度进行考虑,不是让消费者被动地获取体验信息,要让其主动参与到活动中,让他们切身感受、体验到不同的消费体验,将消费者吸引到身边。

4. 多重手段一起进行

为了获得好的业绩,实体店就要及时掌握消费者的真正购物需求,使用多重手段为消费者提供独特的设计,营造出难忘的消费体验。

5. 做好场所的创新

对于实体店来说,场所的创新主要包括现场布局创新和现场环境设计创新。其中,商店现场布局是对实体店中各商品部的销售空间和通道进行分配定位;而现场环境设计主要说的是,商场的景点设计。

在售货空间和通道的分配及定位方面,要给消费者创造良好的互动式体验,增加商品对消费者的诱导机会,引起消费者的购买欲望,让消费者

产生购买动机。消费者通道的设计,不仅需要方便消费者行走、参观浏览、选购商品;同时,要为消费者间的信息传递、相互影响创造有利条件。

从一定意义上来说,实体店存在的最大理由就是"体验"。既然这样,实体店最为重要的任务,就是在"体验"上做文章。只要抓住了消费者的消费心理及消费特点,就可以有效地激发起消费者的购买欲望和兴趣。

当然,各实体店在进行体验营销的过程中,应当注意方式方法,要设计出符合消费者心理需求的体验活动,营造出符合目标消费者的体验环境等,直至实现最后的目的,让利润最大化。

社交场景：充分利用社交场景为营销助力

为了促进产品及服务的销售，在销售过程中，可以以情景为背景、以服务为舞台、以商品或服务为道具，通过环境、氛围的营造，让消费者在消费的过程中通过口、耳、鼻、眼、心等同时感受到"情感共振"式体验，通过情景打动消费者的购买欲望，激发消费者的共鸣……。简而言之就是，要用场景来触发消费者的购物欲。

场景式营销处于体验式营销的一个细化范畴，在一些情况下，即使体验过了，消费者也不一定会为之买单，这时候就要建立合适的场景，用氛围来打动消费者的心，让消费变得顺理成章。比如，去家具店买东西，单件家具堆积成山，消费者连挑选的欲望都没有；如果能够将沙发、靠枕、茶几、杯盏等装饰成一间客厅，当消费者身临其境时，就会觉得这种物品搭配非常漂亮，购买欲自然就产生了……。这就是商家为消费者构建场景的典型例子。

在实体店，消费者的购买结果一般都存在很多不确定因素，只有用积极的心态不失时机地刺激消费者的购买欲望，才能把潜在成交变成现实成交。研究

表明,消费者购买习惯通常会遵循 80∶20 公式。也就是说,在人们的头脑中,感情和理智分别占据 80% 和 20%。很多时候,消费者的购买行为会因为一时的感情冲动而影响到原来的购买计划。所以,实体店在销售过程中,就要努力打动消费者的内心,而不是脑袋,因为心比脑袋离消费者的口袋更近。

要想激发消费者的购买欲,可以采用的方法有很多。其中,最常见的是营造热销氛围。也就是说,要利用灯光、POP、视频演绎、道具展示等,营造出一种热烈的销售气氛,唤起消费者的好奇心。一旦消费者被现场氛围所感染,就会产生购买欲,进而达到刺激消费的目的。

这里,我们就通过眼镜店的场景来进行说明:

将道具、促销用品摆放醒目。当前,很多眼镜店都缺乏展示意识。消费者进店后,一般都看不到展示产品的道具,要不就是道具的摆放位置不够醒目,消费者难以注意到。搞促销时,有些眼镜店将促销品放在消费者看不到的地方,消费者决定购买后才被拿出来,仿佛促销品是用来锦上添花的,消费者根本感受不到促销的热烈气氛,自然也就无法产生购买欲望。

视频演绎渲染气氛。许多眼镜店都配备电视机,可是播放的却是娱乐性节目,跟销售的产品没有任何关系,不仅无法起到吸引消费者的作用,反而造成许多营业员分心去观看。其实,只要眼镜店有针对性地播放一些与视光、验配及产品有关的广告或眼镜科普知识,就会营造出专业、时尚的销售印象,一定会对消费者的购买产生良好的推动作用。

通过上面的分析不难看到,场景营销就是:忘掉生意、忘掉商业,突出它和消费者情感共鸣的结合点;提前给消费者设好场景,让消费者站在入口,形成一个个场景的集成……。

具体来说,实体店未来要成为消费者的社交场景,需要五个步骤:

第一步，对店面进行格式化改造

店面互联网化改造，需要众多投入。对店面进行格式化改造，将互联网移植到店面，需要做好这几项工作：（1）对整个店面全面无线覆盖；（2）对店面商品陈列方式进行基础性改造，建立电子价签系统；（3）将消费者的店面购物及网络购物建立定位系统，除了GPS、手机WIFI等，还可使用其他定位方式，比如数字监控、红外感应等；（4）在店面设置个性化的多种消费者数据采集终端，即消费者数据扫描。

第二步，虚拟现实出样

在店面进行虚拟化改造的第二步就是，用虚拟现实出样方式，极大地提高店面利用频率，满足消费者的需求，体现出更大的价值。要想做到这一点，至少要在以下几方面进行不断探索：

触屏出样。在耐克、阿迪等运动品商店里，鞋子被摆在货架上，货架背后什么都没有。其实，完全可以在货架背面摆放一个触摸屏，前面摆放鞋子，消费者只要不断地刷触摸屏，就能将各种颜色的鞋陈列出来。

此外，还有模型出样、条码出样、媒体出样。无论是文字，还是LOGO，通过手机互动，都可以提供完整的后台资讯。

第三步，开放交互导购

实体店要想全面互联网化，需要实现营销观念的转变，也就是要建立起开放式的、互动型的交易。在这个过程中，要以消费者的自主选择为主导，用销售人员的导购、咨询为辅助。

与消费者的信息互动过程，并不是两方信息之间的交易，可以引进第三方信息，直接使用专业的第三方测评，比如，产品性能的评价问题，并不是被强

第八章 智慧店铺要以客户为中心

迫式的,也不是被诱导式的,而是从理性认识到情感的体验逐渐建立起来的一种消费行为。

第四步,融合双线运营

要将线上和线下两种运营方式结合起来,重点是将两个平台、两种体系结合在一起。如何来结合两个平台的优势呢?比如,在线上进行集客,在网上进行引流。引流,会带来线下销售,对于线下仍然是有价值的。

第五步,增加生活体验

对于实体店来说,唯一不变的东西就是对消费者的服务,因此一定要将实体场景不停地变成消费者社交场景,将实体店面变成消费者社交场景;同时,要将实体店作为载体和平台,丰富整个城市或社区的生活设施,将它想象成一个社区。

如今,实体店互联网化转型的空间和价值还没有被挖掘出来,只要适应了社会趋势、满足了消费者的需求,就会有新的增长空间,这就是互联网的新能量。

智慧店铺——实体门店的未来

 **网店思维：转换思维，跟紧互联网**

实体店的不断发展，需要具备网店思维。

老北京涮羊肉（以下简称"老铜锅"），沿用铜锅木炭、清水涮肉的传统工艺，受到了消费者的喜爱。在长达10年的经营中，培养了一批忠实消费者。可是，其却没有将这些消费者资源很好地利用起来，会员数量增长较缓，甚至还流失了很多潜在消费者。

"老铜锅"自从引用了智慧店铺会员管理储值赠送功能，会员转化率迅速提升。消费者只要关注微信公众号、分享链接和预制二维码等便可以领取会员卡。之后，在会员卡上储存相应金额，商家就会根据金额的多少匹配适当的赠送款项。数据显示，目前"老铜锅"领取会员卡注册为会员的人数转化率高达90%。使用储值卡消费，间接提升了商家的营销业绩。

会员转化率这么高，会员的数量必然有所增加。使用智慧店铺系统的这段时间，"老铜锅"会员数量持续增长，每天新增会员数量比之前增长一半以上。

除了上述功能外，"老铜锅"还开展了微页营销和游戏营销。为了吸引更多的消费者，"老铜锅"开发出了针对年轻消费者群体的营销玩法。之后，"老铜锅"还在周末黄金时间推出了订餐送优惠活动，配合微页营销，实现了理想的效果。详情见图8-5所示。

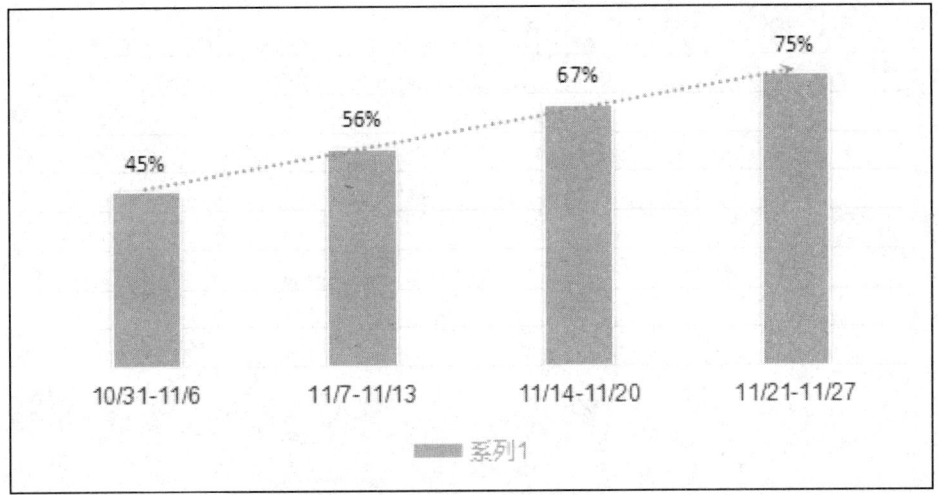

图 8-3 老铜锅十一月份会员新增百分比

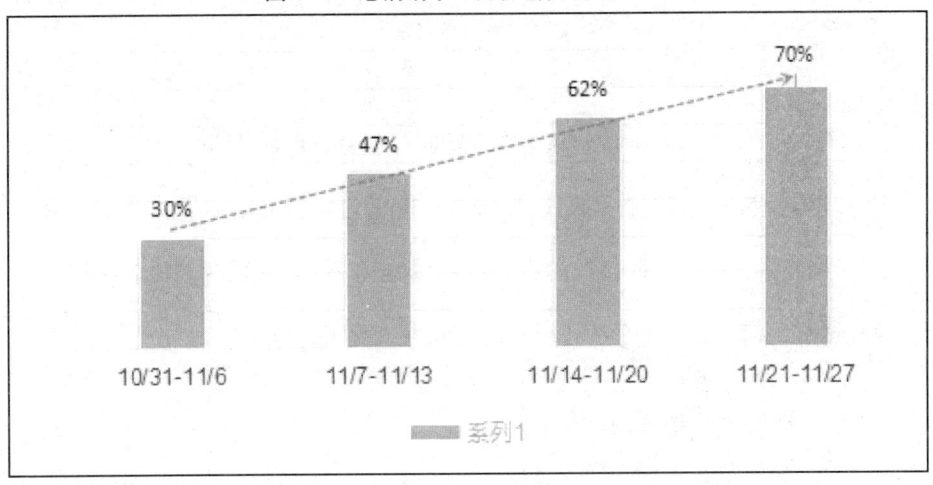

图 8-4 老铜锅十一月份会员充值新增百分比

当然,"老铜锅"同样也使用了游戏营销的功能。等餐排队时,消费者可以玩一下"老铜锅"推出的小游戏,在游戏当中通关还可以领取优惠券。如此,既帮消费者打发了无聊的等餐时间,又以优惠券的形式宣传了商家及产品,还丰富了消费者用餐内容。

俗话说得好:"组合拳出击才能达到最好的效果。"没错。智慧店铺的这几种功能,都是"老铜锅"的运营法宝。

智慧店铺——实体门店的未来

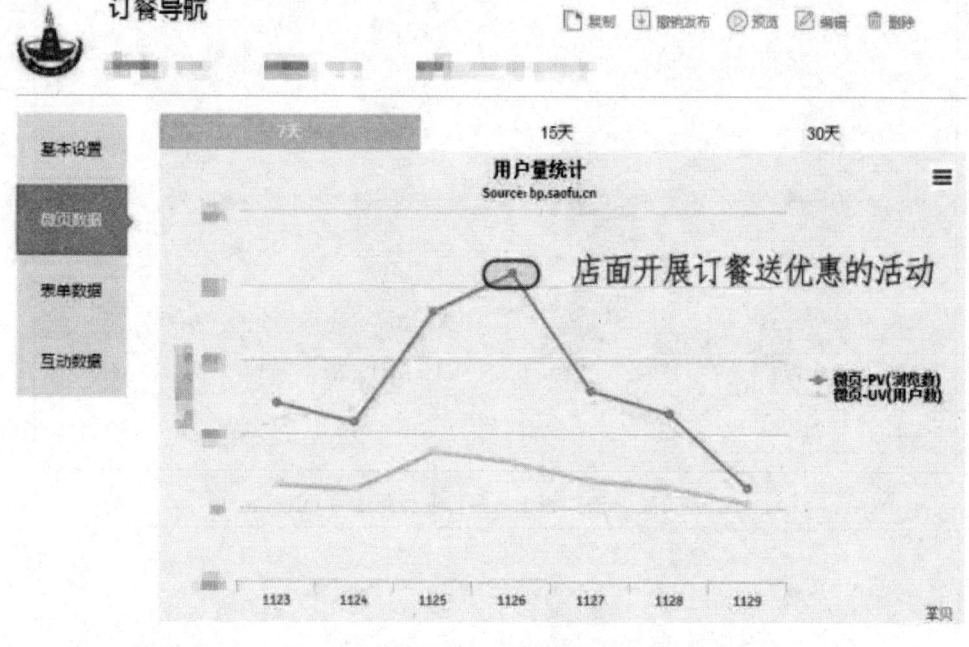

图 8-5 "老铜锅"微页营销数据分析图

互联网时代,很多实体店都认为,本店的销售业绩之所以无法增长,主要原因在于网络冲击;对自身存在的各种问题却视而不见,缺乏深刻检讨。实际上,互联网时代,实体店完全可以利用互联网思维重塑竞争力。

1. 吸引分析,积极互粉

实体店和互联网的相同之处就在于,都需要粉丝。那么,消费者为什么要成为你的粉丝?为什么有人拥有那么多粉丝?这些问题的核心就在于,你是不是懂得迎合取悦粉丝,能不能跟粉丝进行互动……。实现了这几点,粉丝才愿意跟着你,而且越炒粉丝越多。

从互联网思维去看,实体店和消费者是一种朋友关系,一定要重视互动,要尊重和迎合消费者的真实需求,让消费者感到开心和快乐。同时,在互动中还要逐渐占领消费者的内心。

2. 聚焦产品，做到极致

现在，不管是什么方面的商品信息，都是严重过剩。要想提高成交和销售机会，就一定要记住：只有第一，没有第二。本质就在于，要用互联网的聚焦思维，做到极致。将这样的思维应用到实体店，具体表现为：品牌要聚焦，活动要聚焦，之后把活动推到极致。

比如，做面膜免费体验。选择的条码就不能太多，需要聚焦到一个大家熟悉、体验后容易成交的品类，之后再把体验数量做出来。一次活动将面膜体验分别做到500人次和2000人次，你觉得哪种方式更可以代表极致？当然是后者。所以，实体店若能具备"聚焦和极致"思维，依然会拥有很大的品类和口碑拓展空间。

此外，"品类"聚焦的前提是，要做到品牌聚焦。护肤也好，彩妆也好，跨境品类也好，在每个品类中，都要选择几个深度合作的品牌，如此销售业绩才能在聚焦的几个品牌上做大，才能最大化地得到上游资源。只有优化了采购供应链和采购成本，才能具备条件将本商圈附近的竞争实体店占有一席之地。

目前，整个商圈的竞争特别简单，需要同其他竞争对手抢消费者、抢品牌。所谓抢消费者就是，让上游资源支持你不停地做活动，在每个旺季到来之前，将消费者吸引进自己的实体店。什么叫作抢品牌呢？就是将对手培养成熟的品牌撬过来，让消费该品牌的消费者来你这里。聚焦和极致对于实体店的重要意义，不言而喻。

3. 为消费者提供最便捷的服务

为了取悦消费者，实体店要为消费者创造和提供一种"最便捷"的购物环境和条件。要整合微信、QQ、手机上的微店、微商城等互联网工具，便捷地将

消费者 24 小时跟实体店链接在一起,让消费者随时、随地、随心享受到商品和服务。

4. 让自己快一步

互联网时代,一个核心特征就是发展速度非常快。因此,在实体店有了好的思路和策略时,一定要少一些犹豫、多一些果断,要敢于行动,别怕犯错。不管是变革提高自己的经营思想,还是抢消费者、抢市场的促销活动,都要比别人先做一步。也许就这么一步,决定了市场的输赢。

第八章 智慧店铺要以客户为中心

渠道支付系统：将第三方支付系统充分利用起来

卡拉多是一个享誉整个南昌市场的西点类食品品牌。其锐意进取，不断创新产品服务和营销模式，在经营上取得了巨大成功，现已在南昌及江西市场开了数十家分店。

2016年2月卡拉多开始真正试水O2O，短短4个月的时间，卡拉多的微信服务号粉丝便增长到9万，营业额大幅增长。同时，销售业绩也直线上涨，在6月的上半个月，每天微信粉丝平均增加1000多人，微信支付单数能达到数千单。

卡拉多与移动支付挂钩后，为何会迸发如此强劲的活力？主要归结为以下三个原因：

（1）结合丰富的营销活动，将线上资源真正转化为经济利益。卡拉多不仅在6月开展了微信消费"满10元优惠2元"的营销活动，之后还开展了"满10元优惠10元"等微信支付日活动，极受消费者欢迎。在6月16日活动当天，各实体店成交单数平均增长200多，具体如图8-6所示。

智慧店铺——实体门店的未来

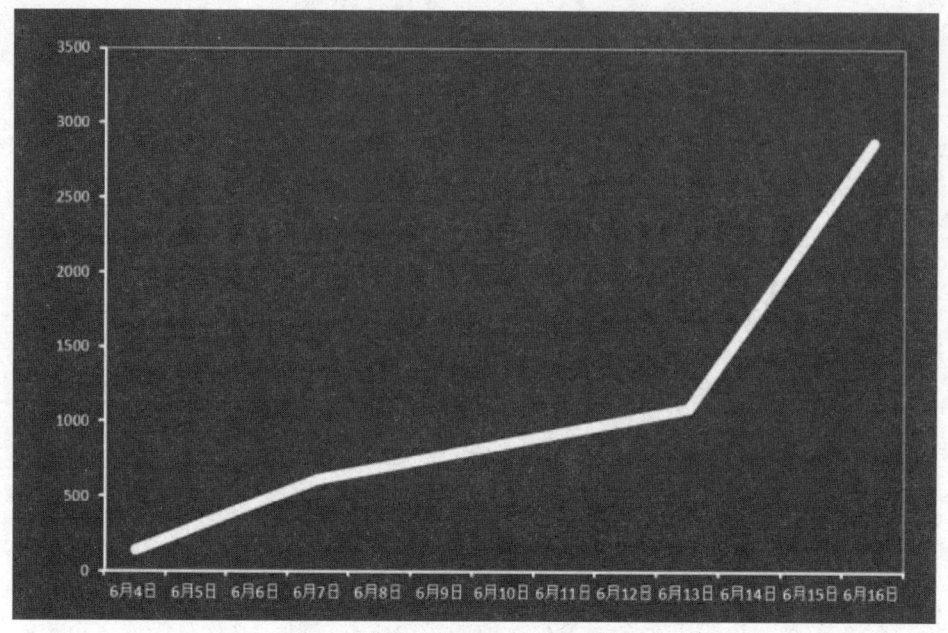

图 8-6　6 月卡拉多微信服务号新关注人数

（2）管理层的高度重视与勇于尝试。管理层看到了移动互联网的未来，认清了实体经营正面临着一场重大变革，引导卡拉多顺势而为，使用最新的互联网技术，加入了 O2O 的经营模式。

（3）自上而下的渗透扩张模式。卡拉多首选旗舰店使用智慧店铺，正式开启了新纪元，然后迅速向 A 类店面推广使用，推广至 22 家。此举非常明智，因为旗舰店具有引领风尚的品牌作用，能够用最快速度集聚人气，让全新的消费方式备受瞩目。其他店面看到旗舰店的成功后，也跃跃欲试；而消费者在旗舰店体验到便捷的购物体验后，也会特别期待其他店面有相同的优质服务。

如今，以"保证质量，完美服务"为经营原则的卡拉多，正在步入新阶段的鼎盛时期。

这里的渠道支付系统，主要指的是第三方支付。所谓第三方支付是指，具备一定实力和信誉保障的独立机构，采用跟各大银行签约的方式，提供和银行

第八章 智慧店铺要以客户为中心

支付结算系统接口的交易支付平台。消费者选购商品或服务后，可以使用第三方平台提供的账户，将货款支付到第三方，并由第三方通知卖家货款到账、要求发货；买方收到货物、检验货物、进行确认后，再通知第三方付款，第三方将款项转到卖家账户。

可以看到，第三方支付有明显的几个特点：

第一，第三方支付平台提供一系列应用接口程序，把多种银行卡支付方式整合到一个界面上，负责跟银行对接，消费者的消费更快捷。如此，不仅可以帮助消费者降低购物成本，帮助商家降低运营成本；还能够帮助银行节省网关开发费用，为银行带来一些潜在利润。

第二，较之 SSL、SET 等支付协议，利用第三方支付平台进行支付操作，更加简单、易于接受。SSL 是应用比较广泛的安全协议，而 SET 协议则是一种基于信用卡支付系统的成熟技术，每个身份都需要通过 CA 认证，程序非常复杂，手续繁多，速度慢，实现成本高。有了第三方支付平台，实体店和消费者之间的交涉就可以由第三方完成，交易变得更加简单。

第三，第三方支付平台依附于大型门户网站，将合作银行的信用当作信用依托，可以巧妙地突破交易中的信用问题，有利于推动电子商务的快速发展。

通过第三方平台进行交易，消费者选中某款商品或服务后，就可以用第三方平台提供的账户进行货款支付；消费者检验物品后，就可以付款给卖家。第三方支付平台的出现，从理论上来说，杜绝了电子交易当中的欺诈行为。

1. 第三方支付为实体店带来变革

传统实体店收银结束后，消费者就跟实体店没太多关系了。可是，对于第三方支付来说，只要实现一次支付，实体店就能得到一个数字化消费者。

每次支付都是一次沟通、一次起点、一个数字化消费者的开始。通过一次支付，消费者的性别、地理位置、个人购物习惯等都会积累在后台，这样就为实体店累积了精准营销的账户。而掌握精准营销账户，又是打造服务体系的基础。例如：永辉超市就是因为采用了第三方支付，才在系统中保留了消费者数据。

2015年年底一个消费者来到永辉超市的一家"无人值守"商店。在入口处，消费者用一款类似于诺基亚手机的手持设备扫描了会员卡，一条洗衣粉的信息立刻被推送到他的手机持终端界面：一个多月前您曾在该店购买过洗衣粉，系统推算到，这袋洗衣粉快用完了。

"无人值守"商店解决方案，是由一家来自意大利的供应商多得利捷公司（Datalogic）提供的。刚来中国时，这个解决方案还有些"水土不服"，可是现在却成了亟待变革的实体店开始拥抱的数据化解决方案。

此外，第三方支付还可以让实体店的品牌得到提升。第三方支付将实体店和消费者联系起来，各消费者成为实体店的媒体，可以将品牌传播到更远的地方，提高实体店的品牌价值。

2. 智慧店铺的第三方支付系统

关于这一点，我们以餐饮业为例加以说明。

传统的店铺收银系统，从点餐到下单再到结算，一般都需要几台机器（点餐机、计算机、扫码枪、POS等）同时协作。不仅过程繁琐、效率低下，成本也特别高。

互联客智能收银平台，具备完善、智能化的收银系统。餐饮店可以通过互联客系统连接网上店铺、团购网站等线上平台发布店铺信息、团购活动，消费者则能够选择在线上领取优惠券、团购券、点餐、提交订单和付款等流程，选择外卖或店内就餐。

第八章 智慧店铺要以客户为中心

消费者到店铺消费时,收银员还能通过消费者的实时下单情况在互联平台确认订单,进行消费核算。结算时,互联客除了具有传统 POS 刷卡支付、NFC 进场支付功能外,还新增了手机移动支付的主流支付方式。互联客智能收银平台,可以帮助实体店实现店铺线上、线下的点单收银服务,成本低、效率高,真正帮助商家实现了"开智慧店铺,做智慧店商"的经营思路。

这种经营方式,说的就是第三方支付方式。

从 2015 年开始,使用第三方支付的实体店已经呈几何倍数增长。微信支付从开通到现在,还不够 2 年时间,但支付次数早已经突破了百亿。而伴随着第三方支付强势入驻,定然可以为实体店带来大变革。

第三方支付是人们智慧生活的重要组成部分。如此,下班路上就可以在家门口的便利店订购晚餐食材了,再也不用为晚饭没有新鲜食材而感到烦恼。

第三方支付进驻实体店,是智能购物不可或缺的环节,能够为消费者提供更方便、更贴心的产品和服务。这就是智慧生活的一种体现。

智慧店铺——实体门店的未来

消费大数据平台：拿数据说话最有效

数据是个好东西，既能够反映出消费者过去的行为轨迹，也能够预测出消费者的未来行为倾向。伴随着数据分析工具和数据挖掘渠道的日益丰富及多样化，数据存量越来越大，数据对于实体店的发展也越发重要。

当然，这里的数据化，并不是说实体店经营多少类别、多少品牌、多少SKU等方面的数据，而是说实体店本身能够通过编码字符进入互联网或移动互联网络，方便潜在消费者或供应商等利益相关者通过店名、地图等方式查找到，甚至直接通过PC端或移动端的网络在线进行交易。

如今，甚至还出现了一个比较简单的方法：只要为自己的实体店在微信上申请、设置、生成一个消费者能够直接链接你的二维码就可以了。当然，这里的二维码，既可以连接实体店管理者的私人微信号，也能够连接实体店的微信订阅号或公众号。

那么，智慧店铺如何帮助实体店数据化呢？我们认为，可以从下面几方面来进行：

1. 经营业绩数据化

这一点是最好理解的，自然也是最容易被忽略的。

随着国内企业财务报表制度的愈加完善，非财务人员（特别是中层以上管理者）不仅要对实体店的整体经营业绩数据有一定的敏感度，还要根据实体店不同阶段的经营业绩变化去调整策略。

根据我们的了解，当前，国内有很多实体店的财务报表仍旧流于形式，经营管理依赖于决策者自身的经验。如此，必然会增加实体店的经营风险。因此，必须对整体经营业绩数据化。不仅要分部门、分阶段（例如惯例上的季报，可不可以变成内部的月报）、分重点地公开实体店的整体经营情况，供决策者参考；还要努力培养决策者的数据意识，同时要通过更加合理便捷的渠道让实体店的管理者实时了解本店的经营业绩等。

随着国际化的进一步加深，实体店的经营业绩会受到更多外部因素的影响，怎样建立有效的外部数据观测模型，已经成为各实体店有效降低经营风险的重要手段。

2. 业务模式数据化

当前，很多实体店并不是不想利用大数据，而是自身业务模式不容易产生有效数据，这就对实体店自身业务模式的数据化提出了新的要求。比如，传统的实体店，即使有些店也会实施会员管理，可以收集的信息依然有限。再如，消费者多久来一次实体店？什么时候浏览过哪个产品？浏览时，是怎样的感觉，脸上有什么表情……。这些数据都无法通过传统的线下方法进行收集，更无法跟其他光临的实体店信息相比较，因此也就无法在消费者下次光顾的时候将合适的商品推荐给他。

如今，为了实现业务模式的数据化，很多实体店已经采取了以下二种合适

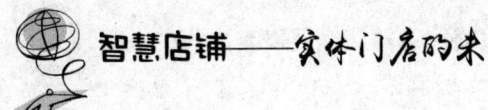

的方法:

(1)进行图像识别。在很多实体店中,都安放着摄像设备。使用这些设备将消费者的信息收录下来,之后再对这些被采集到的图像进行识别和分析,就可以很好地帮助店员分析出消费者的构成情况,比如,消费者的面部表情、浏览过哪些商品等。

(2)积极地和消费者进行互动。如今,很多实体店都在逐渐转型——实体店和线上互动——实体店变成了一个展示、宣传的平台,很多体验行为都发生在网上。消费者在实体店相中了某款商品,就可以到网上直接下单购买,送货上门,享受销售体验。

3. 消费者行为数据化

消费者行为的数据化,是实体店最看重的,也是目前应用最为广泛的!

实体店最终想要的是消费者,要想科学分析消费者的行为,自然就要了解消费者、贴近消费者。可是,如今,跟电子商务等线上门店比起来,传统实体店的消费者行为数据化并不乐观,操作性比较差。很多实体店的消费者行为分析流于形式,并不能为服务的市场营销和产品的改进提供真正的帮助。

有这样一个例子:

中坤集团是一家做旅游地产的企业,曾经运作过北京门头沟一个项目。中坤和门头沟区政府合作,将整个门头沟的景点数据化,在很多地方都设置了摄像头。

到外地的旅游景点,人们一般都很关注当地的风土人情、历史,甚至是历史小故事。开始的时候,他们培训了一批导游,为游客介绍。可是后来他们发现这种方式比较老套,大多数游客都喜欢自助游,热衷于自己在山上找,如此导游的作用就减小了。

第八章 智慧店铺要以客户为中心

意识到这个问题后,他们就将所有的景点、壁画等文物景观数字化。为了便于游客了解当地的历史典故,便设置了一种无线方式。游客只要在自己的智能手机上安装一个简单的软件,不管去什么地方,都能选择性地查看当地的境况。同时,游客开车在旅游景点游览的时候,还可以通过摄像头拍照,离开景点时就可以得到一个相册——景点中的拍照、旅游路线、选择听过的故事等。

通过这样的方式,游客和景点的黏性更强,关系拉得更近。当游客回来对其他朋友介绍该景点时,也就有话可说了。对中坤来说,这也是一种近似病毒式的传播,可以产生更好的营销效果。

4. 员工管理数据化

实体店的员工管理主要体现在两方面:一是怎样促进员工成长;二是怎样对员工的成长进行评价,也就是考核。这两个方面,都可以通过一个包含各种考核和激励要素的数据库建立起来。

当然,数据化的一大关键就是怎样跟(移动)互联网及物联网有效融合在一起。到目前为止,移动互联网已经为我们提供了最好的跟消费者黏在一起并充分挖掘消费者数据的机会。不管是移动、社交,还是本地化,都释放出了大量的数据,具备了巨大的挖掘空间。

同时,还要强调的是,从一定角度来说,大数据是对既有行为的判定、对已有经验的固化,预测数据的时候需要谨慎仔细。

第九章 向互联网平台靠拢,做好智慧店铺管理

智慧店铺——实体门店的未来

 **数字店铺是未来趋势**

未来，实体店的终极模式，就是要借助移动互联网的东风将实体店逐渐优化成"实体+智能"于一体的"数字店铺"，以移动互联网为主线，进行线上线下的全渠道O2O。数字店铺，也就成了未来的一种大趋势。

西海温泉假日酒店（以下简称西海温泉）位于国家4A级旅游胜地——江西九江永修庐山西海风景名胜区内，在当地拥有极高的知名度，业务非常繁忙。为了应对不断升级的消费者需求，西海温泉不断提升运营效率，努力将品牌影响力转化为真实可视的忠实消费者。在这个过程中，西海温泉引进智慧店铺，全面革新了酒店的营销乃至运营方式。

手机支付。接入智慧店铺后，西海温泉利用微信支付，平均每日接单200多笔。对于消费数额较高而频次较低的酒店业来说，这个数据非常难得。引进智慧店铺后，旅客更愿意使用微信支付、支付宝等新兴支付方式，也使得酒店的手机支付交易额增长了100%。

卡券快速导入客流。西海温泉使用的卡券营销功能，可以吸引微信公众号上的海量粉丝再次回归线下进行二次消费。西海温泉为住房套餐、景点门票和其他各项服务设置了多张可同步到微信卡包的优惠券，通过售卖或赠送等方式，

第九章 向互联网平台靠拢，做好智慧店铺管理

微信在线派发给广大消费者。

互联网的出现，同样改变了我们的商业店铺和运营模式。

移动互联网的快速普及与智能手机的大量应用，为移动互联网端的消费者和实体店的整合带来了机会，甚至还可以说，实体店对移动互联网消费者的成功复合将对 PC 互联网的电商造成巨大的冲击。

1. 数字店铺：要先学会判断"互联网"商圈

实体店开店，首先考虑的是地址和地段。地段好，人流才会多，任何人都不会将实体店开到没有客流和人气的地方。

随着互联网和移动互联网逐渐成为人们生活的重要组成部分，消费者大量进入实体店以外的互联网商圈，比如，微信已经成为全球最大、人气和粉丝聚集最多的社交平台之一。实体店不仅可以在线下开店，还能整合互联网资源，在 PC 互联网、移动互联网等粉丝聚集的"虚拟商圈"，开设虚拟店铺或发展微商和微商城。所以，即使是为了满足实体店"数字店铺"业务拓展的需要，也要努力在互联网和移动互联网选择合适的商圈，找到粉丝聚集的地方。

对于互联网商圈来说，大家对于商圈的理解其实非常简单，粉丝多、有流量的地方就有商圈。比如：京东、淘宝、天猫等每天都有很多粉丝流量，是互联网的一线黄金商圈；微信、陌陌等社交媒体，每天也拥有很多在线粉丝，是一线的社交黄金商圈。

粉丝和流量大的地方，人气自然也旺。但在开店的过程中，要根据实体店的定位及资源，选择合适的线上商圈。

2. 数字店铺：实体店数字化的"五大要领"

互联网和移动互联网，正在快速改变这个世界。随着互联网尤其是移动互

联网时代的到来,如今的商业模式和生活方式也为大家带来了一些颠覆式的挑战和影响。所以,实体店的商业模式也需要与时俱进,需要结合互联网技术进行不断的改造创新。

概括来说,实体店改造成"数字店铺",一定要遵循以下五大核心精神:

(1)时尚化。时尚化的体现就一个字——"潮"。不仅经营理念要"潮",还要将这种"潮"的理念重新定义在实体店和消费者之间。其不再是一种单向卖货的关系,而是要倡导跟消费者"互相欣赏,互相喜欢",对于消费者的营销重点要落在"精神引领,给他美丽"。

首先,要将"潮"这个核心理念落地并体现在实体店形象、装饰布局、商品品类、个性陈列、拓客方式、会员互动、人员管理等中;其次,要比竞争对手领先和新颖,注重情感营销和个性化营销,将实体店真正领入一个具有独立风格和品牌调性的零售品牌时代,得到消费者的喜欢和欣赏。

(2)专业化。在互联网时代,实体店的商业模式虽然面临着很大的调整,但并不会走向灭亡。实体店的全产业链依然是未来10年的战略发展重心,不仅要找到实体店获得战略发展的生存法则,还要给实体店插上互联网技术的翅膀。

对于实体店来说,主要体现在三个方面:专业、体验、服务。实体店不但不能弱化实体店的功能,还要不断强化实体店三大要素的竞争优势。对于电商来说,实体店的优势在于真实体验和专业服务,这些都是实体店能够跟其他渠道平分天下的战略基础。

(3)社交化。在互联网时代,一定要不断加强实体店的社交和体验作用。对于线下实体店来说,要不断发挥实体店的体验优势,回避和抵消电商的冲击和影响,将实体店从之前单一的卖货场所变成消费者的休闲、聚会、社交、服务和体验中心。对于线上来说,最重要的是,要利用好微信、陌陌等强大的社

第九章 向互联网平台靠拢，做好智慧店铺管理

交工具，以消费者为中心，建立自己的自媒体平台，让实体店和消费者实现24小时的互动和链接，不断地增加消费者的黏度和忠实度。同时，还要将社交工具从前期拓客、集客的前端功能，逐渐推升成强大的微商微营销团队。

（4）情景化。这几年很多实体店的装修及布局几乎都千篇一律，陈列也是简单地追求整齐、整洁，有些死板，缺乏个性化、生动化及情景化。消费者无论进入哪家实体店，都会感到一种审美疲劳。因此，要想领先于商圈内的竞争对手，就要积极打造情景化的实体店氛围。比如，商品陈列的个性化、生动化，情人节将面膜折叠成玫瑰花的形状，不同的节日让店员着不同的装饰，装修布局要个性化等，努力为消费者带来美丽、时尚、开心和愉悦的购物氛围。

（5）智能化。随着移动互联网技术的不断成熟，实体店的出路在哪里？要想努力实现线上线下O2O全渠道营销，首先就要对传统店铺进行"智能化"改造，将实体店作为一个重要平台。

智慧店铺——实体门店的未来

 **智慧店铺驱动企业变革**

"互联网+"到底该怎么"+",我们认为,如果把"互联网+实体店"等同于"零售实体店+互联网",会造成思想和行动上的分歧。

"互联网+"实体店,是商业模式的变革,而"实体店+互联网"仅仅是把互联网当作工具,只是一种辅助。所以,需要正确认识"互联网+实体店",并从商业模式、整个业态、管理及思想上去理解和领会,才能对实体店有所帮助。

1. 换位思考,深挖实体店的优势

实体店开始进入薄利时代,不仅面临激烈的竞争,同时也存在诸多困境:成本越来越高、营销低效、服务半径有限、营业时间受限、单向的消费者沟通交流等。

尽管如此,实体店依旧具有独特的优势,仍是消费者消费的核心场所。具体表现为:第一,线下有优质的服务体验;第二,线下拥有众多实体店,具有良好的品牌形象,可为消费者带来良好的体验购物氛围,形成品牌口碑;第三,消费者的黏性更强;第四,实体店拥有大量的消费者群体流。

智慧店铺会结合现状,把实体店连锁的优势当作资本运用起来,将线下丰

富的消费者群体流转化为线上流量,增强消费者的黏性。同时,还会做到线上线下融合,充分发挥线下的优势,并结合线上的特点,把时间、空间结合起来,为消费者提供服务,保证所有的实体店不至于在"互联网+"的浪潮中落后。

2. 转变思维方式,融合线上线下

(1)管理者观念的转变。许多实体店老板认为,互联网只是一个工具及补充,只是"实体店+互联网",还没有真正领悟互联网思维。所以,要想将智慧店铺引入实体店首先要进行观念转变,真正拥有互联网思维,特别是消费者思维,从根本上理解到底是"互联网+实体店",还是"实体店+互联网"。只有从思想观念上做出改变,才能实现实体店的变革。

(2)实体店内部流程的改造。无论是实体店运作,还是服务消费者,流程都非常重要。现在,许多实体店由于流程的原因,部门利益分配不均,发生分歧,阻碍了自身的发展。用条块分割的方式去管理实体店及服务消费者,无法取得理想效果。在消费者眼里,一个实体店就是一个整体,他们并不会关心到底是品牌部、还是运营部为他们服务,因此必须用统一化的方式管理实体店,服务消费者。

(3)店员身份的转变。在IT、电商行业的企业,上班并不局限于工作时间;而实体店则不一样,很多实体店到点就关门,服务即终止。员工能力都不错,却没有真正发挥他们的作用,根本原因在于没有调动员工的积极性。其实只要换一个思路,转变一下店员的身份,而不仅仅是一个打工者,然后通过互联网的方法提升他们的积极性和参与感,结果就会完全不一样了。

(4)消费者服务的延伸,即从过去的空间竞争转到时空竞争。虽然许多实体店本身有会员系统、CRM系统,但会员占比却很少。而且,过去的会员系统和CRM系统数据分析,只有老板和管理人员看,数据是静态的,与消费者的连接也非实时；过去实体店与消费者的连接，只通过节假日的活动促销等单向、非实时、静态的服务完成。

随着移动互联网的快速发展及智能终端的普遍应用，每个人都将成为一个连接点。智慧店铺要引导实体店思考如何与消费者进行实时、动态、双向的交互，增强消费者黏性；并通过线上线下结合，突破实体店边界，为消费者提供实时、动态、双向，甚至是全天候、跨地域的服务。

3. 建立统一管理与服务的连接体系

过去，实体店采用的方式是：店员服务消费者，让消费者加私人微信号，提供在线服务。这种方式虽然有一定成效，但对店员失去了把控，无法做到统一管理，如果店员辞职，消费者也会紧跟着流失。

如何做才能解决店员和消费者的连接，进行统一管理？借助智慧店铺，推出一个实体店合伙人平台，采用专属顾问式的服务促进销售，在店员与消费者之间建立一套系统进行连接，就能帮助实体店实现线上线下融合。

智慧店铺会给店员分配一个专属二维码，让店员从单纯的销售转变为专属顾问，为消费者提供全天候的专属服务。店员可在线与消费者进行交流、咨询，提供服务，并把商品推荐给消费者。如果消费者感兴趣购买，店员将从中获得收益，如此不仅使店员在服务的同时创造了价值，积极性也得到了显著提高。

4. 营销方式：用数据说话，从泛促销到个性服务

过去，即使消费者去了50趟实体店体验服务，实体店也不一定知道他是谁、买了什么东西。很多实体店都面临着同样的困惑，因而所做的活动与广告推送都是千篇一律，营销低效。如果实体店能够清楚地知道什么人在什么时候到店

第九章 向互联网平台靠拢，做好智慧店铺管理

享受了服务体验、买了什么东西，就可以基于线下消费行为数据进行精准分析，为消费者提供个性化服务。

智慧店铺的引入，可以让收银台掌握消费者消费行为偏好，从等消费者上门变成主动了解消费者需求，实现精准广告投放与个性化服务。

智慧收银台是通过将收银终端与收银数据盒子连接，为小票加印二维码。在为消费服务购物埋单时，只要扫码，便能够建立起关联，获取电子账单，并会收到相关的精准商品投放信息及优惠券。有了关联，有了数据，就可以掌握消费者的需求，实现精准营销。

除精准营销外，还有个性化秘书服务。如果消费者到药店买了感冒药，就可以通过微信推送服药提醒："亲，到吃药时间啦，一天吃两次，每次吃两颗，记得饭后吃哦！"此外，管理者还可以通过手机查看当天营业情况分析。通过智慧收银台，一方面，可以对消费者做到精准营销，个性化贴心服务；另一方面，管理者还可以随时、灵活地掌握营业动态，进行消费洞察。

智慧店铺——实体门店的未来

 **智慧店铺促进实体店服务的提升**

随着互联网与传统行业的碰撞,"互联网+餐饮"彻底改变了传统餐饮行业,大鸽饭也搭上了"互联网+餐饮"的春风。

经过几个月的考察和筛选,智慧店铺的智能 CRM 和营销工具最终得到了大鸽饭的认可。而作为"大数据+人工智能领域"的创新领导者,仅融合支付这样方便的功能就能解决很多店铺对于现有支付平台过多的痛点。在深度的合作后,大鸽饭解释了自己引入智慧店铺的原由:"我们引进智慧店铺,看中的是把专业的事交给最专业的团队实施,这是更安全的措施也是更高效的选择。"

智能 CRM:化散为聚,一针见血

大鸽饭虽然客流量大,天天爆满甚至很多时候都需要等位,但是无会员体系、消费者的消费结构、频率,以及喜好等消费信息的缺失是大鸽饭的痛点。

会员体系还未建立,自然就无法展开有针对性的营销活动,导致营销成本上升。智慧店铺的模块之一就是智能 CRM 提出了"业务即会员"的概念,再加上智能 POS 机是消费数据入口的先天优势,让大鸽饭很快建立起了自己的会员

第九章 向互联网平台靠拢,做好智慧店铺管理

体系,在吸纳足够的会员后,还能建立大数据库,通过智能分析得到消费者消费结构等信息。

系统上线之后,在大鸽饭消费的人群中,越来越多的人注册成为会员,如图 9-1 所示。取得消费者消费结构信息后,通过数模分析并绘会员贴上标签,识别不同的会员,按照会员不同的喜好发布专属的活动信息以及优惠券,这就是智能派券功能。智能派券功能能够促进已有会员再次消费,还可以增加与消费者互动。

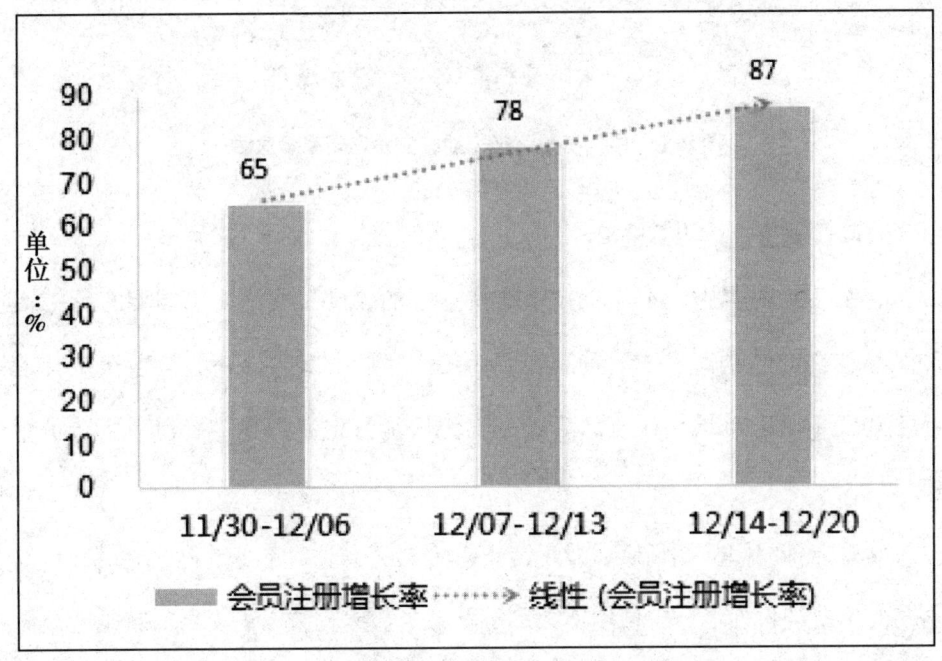

图 9-1 大鸽饭十二月份会员注册增长率示意图

智慧店铺不仅可以通过多渠道派券,还可以自定义优惠券,智能统计优惠券派送数量以及核销数量。通过优惠券吸引潜在会员,唤醒沉睡会员,刺激高频会员。此外,智慧店铺系统还能智能分析充值会员的消费频次,反过来又以优惠券的方式来刺激会员消费,如此就形成了一个完美的良性循环。如图 9-2 所示,使用上述功能后的几天之内,大鸽饭的交易情况上涨明显。

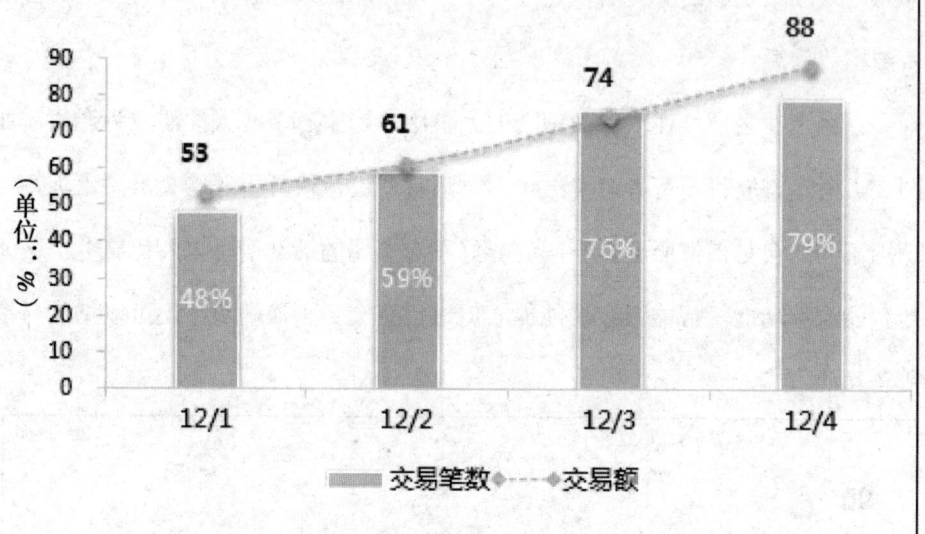

图 9-2 引入智慧店铺初期，交易增长率示意图

"软硬皆施"，再登高峰

智慧店铺的实施，不仅有技术支持这样的"硬"实力，更需要有营销活动策划这样的"软"手法。看到智慧店铺的"硬"实力后，大鸽饭决定打通线上和线下两个市场，让智慧店铺为大鸽饭量身定制打造"鸽粉节"会员营销活动。

智慧店铺的团队在调研后发现，现有大鸽饭会员中不少是粉丝会员。粉丝会员有消费随机性大、忠诚度不太高等特点。"鸽粉节"主要目的就是通过储值赠额活动，吸引更多消费者成为粉丝会员，并把粉丝会员发展成忠诚度高的积分会员，甚至忠诚度最高的储值会员。

智慧店铺在"鸽粉节"帮助策划了设立砸金蛋、免费试吃、免费打印相片等现场互动活动，成功吸引了一批线下消费者详情见图 9-3 所示。通过全维度、立体化的传播渠道，利用店内物料宣传、朋友圈广告、美团首页广告、大 V 助推及微信公众号发文等形式，最大化地提升了会员数，提升了营业额。

第九章 向互联网平台靠拢，做好智慧店铺管理

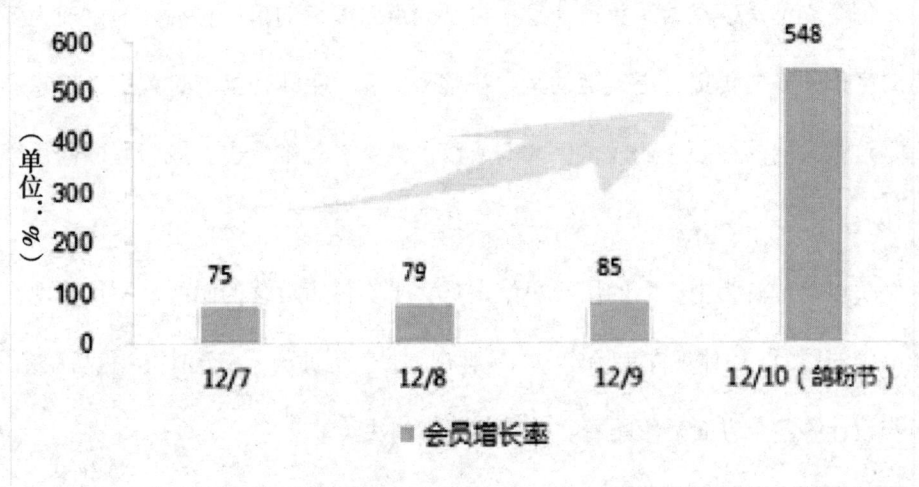

图 9-3 大鸽饭鸽粉节前后会员增长率示意图

"大数据 + 人工智能"助力大鸽饭迈上新台阶

现在，智慧店铺系统已成功在大鸽饭所有门店上线应用，极大地提高了会员的增长和上客频率，有效缓解了因店面扩张造成的管理压力。

大鸽饭美食结合智慧店铺营销平台，真正将营销活动实现O2O一体化，消费者活动响应率较高，取得显著成效。此为大鸽饭带来严谨周到的会员管理、积分管理则有效增强了消费者黏度，将大鸽饭"做鸽，坚决不做第二！"的理念传递给消费者。

随着互联网技术作为工具的逐步发展，越来越多的实体店受到互联网的冲击。当这种冲击不断加深和变革不断加剧的时候，互联网就不再仅仅是一种技术，而是逐渐演变成为一种思维方式。

移动互联网时代，借助智慧店铺，实体店该如何提升消费者服务质量呢？

1. 以互联网思维开展消费者服务

互联网时代，信息生产和传播的方式发生变化。信息不再是由小部分人制

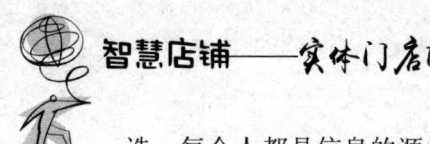

造，每个人都是信息的源头；信息不再是一点对多点的单向传播，而是成为多点对多点的多向传播。更关键的是，在整个信息产生和传播的过程中，信息不再是这张大网的核心，变成了"人"所以"消费者思维"也就成为互联网思维的核心。

"以消费者为中心"的用户思维，贯穿于实体店运营的始终，不仅体现在做品牌的层面，还体现在市场定位、品牌规划、产品研发、生产销售、售后服务、组织设计等各个方面，影响着实体店各环节的决策。

基于用户思维，需要将"客户服务"覆盖到业务价值链的全过程。每个环节都要跟消费者交流、潜入式互动，如润物细无声般渗透到消费者的日常活动中，让消费者获得最佳服务体验，从而实现实体店的业务价值。

在互联网时代，一切行业都是服务业，所有企业都是服务企业，可见消费者服务的重要性。有效的消费者服务，可以让实体店建立良好的口碑，建立信任度强的消费者关系，形成强大的"粉丝"效应，与消费者成为朋友，让消费者发自内心地认可、传播、维护实体店。

2. 注重消费者的参与感

互联网时代，消费者选择产品或服务的决策心理已经发生了巨大转变，他们对产品和服务的需求不再停留于功能层面，更想借此表达自己的情感，渴望参与到供应链上游活动（如采购、设计甚至制造）的决策中来。

参与感是消费者思维最重要的体现，让消费者参与其中，能满足消费者"在场介入"的心理需求，抒发"影响世界"的热情，满足其对存在感、成就感、归属感的渴求。因此，要在业务价值链中把做产品、做服务、做品牌、做销售

第九章 向互联网平台靠拢，做好智慧店铺管理

等过程开放，让消费者参与进来，并在业务价值链各个环节中做到全员客服。

真正的消费者参与就是与消费者积极互动，真诚沟通，融入消费者当中，和消费者打成一片，把消费者当成朋友，让消费者发自内心地喜欢你。

创新来自消费者需求，消费者会帮助实体店进步，不断地改善实体店的产品和服务质量，让实体店更好地服务消费者，自然就能形成良性的互动关系。

3. 重视消费者体验

消费者体验是一种心理感觉或感受，是在消费者接触产品或服务的整个过程中形成的综合体验。所有环节的产品或服务，都是为了实现消费者最佳体验这一目标。

(1) 消费者体验的核心是"为谁设计"。"为谁设计"是消费者体验的原点，只有原点确定，设计消费者体验的坐标系统才能明确下来，因为不同消费者群体的需求可谓是千差万别。脱离了特定消费者群体的需求，即使产品或服务再好、想法再精妙，都无法跟消费者产生共鸣。最好的产品或服务就是解决消费者的迫切需求、痛点和痒点。

(2) 好的消费者体验一定要注重细节。消费者体验往往"成也细节，败也细节"。在当今竞争日益激烈的时代，实体店的产品或服务在功能上并不存在很大的差别，消费者感知的东西往往是细节。因此，服务过程的每个细节都要让消费者感知到，并且这种感知要超出消费者的预期，给消费者带来惊喜，才能让消费者获得更高的满意度，才可能带来很好的口碑传播。

(3) 消费者体验一定要聚焦。好的消费者体验像针扎一样，会给消费者一个刺激。如果什么问题都去关注，顾及方方面面，什么服务都做，就会产品不

突出、服务没特色。用户消费体验要聚焦在一点，围绕这个点做到极致和创新，用这一点打动消费者，给消费者带来价值。创造了消费者价值，也就带来了商业价值。

（4）简约带来良好的消费者体验。消费者思维使商业活动回归人性，所有的产品和服务都要从人性出发：看起来简洁、用起来简化、说起来简单，才能给消费者带来全新的体验。实体店提供的产品和服务简约，消费者才会选择和使用，才会有后续的客服互动。

4. "快"是做好服务的根本

互联网时代行业竞争激烈，实体店速度慢，基本上没有成长机会，甚至面临生存危机，高效率才会带来高成长。"快"是行动准则，是对待消费者的态度。

消费者对服务的根本需求就是要快速响应用户的需求，快速地拿出基于特定需求的适合解决方案，快速地解答消费者提出的问题和疑惑。因此，要做好服务，就要"快"！

俗话说，时势造英雄，不同时代有不同的思考背景，或者说"历史思维"，只有理解时代赋予的思维方式，才会有适合时代背景的处理方式和成就。"以人为核心"的互联网思维是一种新的商业智慧，互联网时代下的消费者服务也需要以互联网思维作为指导思想。

5. 传统实体店的互联网营销转型

在现代社会，互联网已经颠覆了实体店，互联网早已成为现时代的统治者。商业模式是建立在人们的生活模式的基础上的，经济交换方式必然随着社会交

第九章 向互联网平台靠拢,做好智慧店铺管理

往方式的改变而变化。对实体店而言,互联网不是灾难,而是很大的机会。管理学大师彼得·德鲁克说:"互联网消除了距离,这是它最大的影响。"互联网思维不断覆盖着实体店的发展,沟通效率正在飞速提升,互联网已经成为一种商业和经济的基础元素。

智慧店铺——实体门店的未来

 **智慧店铺提高供应链效益**

智慧店铺以一种高效的方式,使供应链系统能够更简易、自动地追踪商品动态,让物品实现真正的自动化管理。可以帮助传统零售企业基于已有的线下多门店的实体优势,通过线上线下的资源协同整合,为商户提供近店、进店、决策、支付、售后等体验。

包含桌台管理、支付管理、菜品管理及云打印等几大功能模块的"厅厨通",与智慧平台做到了数据互联互通。通过"厅厨通",商户可以在电脑客户端及手持终端方便快速地处理预订、堂食、外卖、自提等多种订单,降低人力成本,提升服务效率。

一体化解决方案,从前厅到后厨完美打通。多种订单便捷管理,可以对包括堂食、外卖、快餐、自提在内的所有的订单记录进行查看、操作;菜品订单云打印,通过菜品标签实现区别打印,不同标签的菜品分单打印到对应厨房的打印机;支付管理井井有条,支持多种收款方式,如微信收款、微信刷卡、支付宝刷卡等,支付随时查看。

基于智慧店铺平台,从数据到营销统统搞定。商户可以通过厅厨通后台设置菜品库存,轻松掌握菜品在一定周期内的销售情况;同时,通过智慧平台,还能查看店铺的优惠券使用情况、会员卡使用情况,形成消费者大数据,方便

第九章 向互联网平台靠拢，做好智慧店铺管理

商户及时进行经营决策。

操作简单，从菜品到门店轻松管理。菜品管理，菜品库存、标签轻松设置，菜品状态前台实时管理；桌台管理，点菜、加菜、桌台菜品复制、结算和清台，"厅厨通"APP端便捷管理；门店管理，针对不同门店的面积和详细情况，可以统一在后台进行桌台的添加删除操作；财务对账，一个后台统计所有支付通道数据，对账方便。

适合各种餐饮业态，从传统到新式全能支持。无论是外卖快餐，还是中餐西餐，厅厨通统统支持，全面助力餐饮行业向互联网的转型和升级。

借助智慧店铺，供应链管理发展的过程将会更加智慧化，实体店的供应链管理也将由传统意义上的静态供应链，逐渐经过职能部门整合、内部流程整合、外部协同整合后达到智慧的供应链。

1. 交易数据，实时查看

交易总额、交易笔数、优惠券派发及核销数量等关键经营数据实时查看，让商户对店铺当前的经营状况了如指掌。

2. 经营趋势，随时掌握

交易趋势、优惠券派发及核销趋势、消费者订单趋势一目了然。数据可视化，让商户及时调整经营策略，从而改善现有产品和服务，更好地服务消费者。

3. 交易比例，即时呈现

当日支付方式比例、交易金额比例、优惠券派发渠道比例直观呈现。商户可根据数据分析消费者喜好，从而制定相应的营销手段，引入客流，增加收益。

4. 订单来源，清晰可查

店内订单、微商城订单、第三方外卖订单金额分布清晰明了。

智慧店铺——实体门店的未来

 **智慧店铺助力新零售**

2017年"新零售"成为"热词",并掀起一波波声浪,媒体和业界也为"新零售"沸腾了,并声称"纯电商时代即将结束"。

智慧店铺的本质就是运用互联网、物联网技术,充分感知消费习惯,预测消费趋势,引导生产制造,为消费者提供多样化、个性化的产品和服务。目前,实体店要顺应移动互联新趋势,努力发展智慧零售,并通过规范电子商务,促进智慧零售;此外,要以大数据为牵引,以智慧零售推动有效供给。比如,通过大数据挖掘消费规律,反向定义产品设计,同步预售、预测订单,以需求引导生产,让"精准订制""智能制造"成为现实。

公众号管理。完美对接微信公众号,为商户提供统一的账户管理平台,以及微官网、微投票、抽奖活动、在线报名等营销工具。

智能小二。智能小二是消费者的贴心服务员,以桌贴或桌牌的形式呈现给消费者,用智能化、标准化的服务替代人力,消费者可以扫描智能小二的二维码,在店内自助完成点餐、点评、埋单等服务;通过扫码即可进入智能小

二界面,无须下载APP;呼叫店员、点餐、买单、点评、领券、WiFi、均可在智能小二里实现,再也不用因为餐厅服务员人手不足而忙得焦头烂额。

评价管理。商户可登录智慧店铺商户后台实时查看消费者评价,及时了解服务质量,及时回应消费者需求,争取第一时间处理消费者问题;消费者在商户微信平台直接申请预约,商户在手持终端及时处理,完成整个预约流程。手持终端直接提醒处理,不流失一个消费者;商户提前设定取号范围,消费者扫描二维码领取;随时查看排队情况,防止过号。

微商城。在微信上建立属于商户自己的商城,不用和别人比价格,流量掌控在自己手中。消费者直接关注商户微信公众号即可自助购物,操作简单,无须佣金、短期上线;消费者到店只需要扫一扫桌面的二维码即可完成点单的整个过程;消费者在微信上点餐,即可坐在家里等待外卖的到来。

融合团购。全面打通美团、糯米、大众点评等团购平台,多个团购平台信息互通,无需逐个登录后台,消息窗口统一接收处理团购券,实现订单高效管理。

线上电商大平台商品种类更多、价格更亲民,线下零售是否已无路可走?智慧店铺为实体店提供线上线下一体化的解决方案,以实体门店为体验中心和信用依托,通过互联网连接更多消费者,将门店营销信息传递给更多消费者,为线上线下渠道带来更多营收增长。

1. 支付需求多样化,店内多种收款设备操作繁琐,店员学习成本高。智慧店铺提供的智能POS硬件一机融合微信支付、支付宝、银联刷卡、现金收款等多种支付方式,并支持订单打印,提升店内收款效率,店员也能快速上手。

2. 互联网电商侵蚀市场，实体店缺乏线上防御手段。智慧店铺可以帮助商户快速搭建自己的线上商城，让商户为门店附近的消费者提供精准的网购服务，满足附近消费者的网购需求，拓宽商户的销售渠道；还可以通过在线营销和优惠折扣来进行促销，给门店带来增量营收。

3. 消费数据无法沉淀，二次消费难以实现。智慧店铺帮助实体店通过移动支付、拉客营销、摇一摇、微信连WiFi等多种方式，将线下客流集中转化为线上粉丝，持续维持实体店对消费者的品牌曝光，并通过会员、卡券、微页等多种在线营销手段，引导消费者回归线下消费。

第九章 向互联网平台靠拢,做好智慧店铺管理

 **智慧店铺有效促进供给侧改革**

在2015年11月10日召开的中央财经领导小组第十一次会议上,习近平总书记提出了"供给侧结构性改革"概念:"在适度扩大总需求的同时,着力加强供给侧结构性改革,着力提高供给体系质量和效率,增强经济持续增长动力。"

何谓供给侧结构性改革?"供给侧"与"需求侧"相对应。需求侧有投资、消费、出口三驾马车,决定着短期经济增长率;而供给侧则有劳动力、土地、资本、创新四大要素,四大要素在充分配置条件下所实现的增长率即中长期潜在经济增长率。而结构性改革旨在调整经济结构,使要素实现最优配置,提升经济增长的质量和数量。

实体店很复杂,但也很简单,都要通过品牌、商品和服务的组合满足消费者不断变化的需求。就中国市场而言,20世纪90年代中期大卖场、仓储俱乐部兴起,由于其巨大的吸客能力、连锁扩张的能力及对大体量商业物业的要求,极大地带动了我国商业物业的建设。

时过境迁,近几年由于市场饱和、人工成本和场地租赁成本的上升以及商品同质化等因素,实体店的业绩出现了显著下滑,出现了一波又一波的关店潮。

智慧店铺——实体门店的未来

如何避免低价同质化竞争,答案就是供给侧改革,这和中国经济改革的命题是一脉相承的。

在中国特定的市场环境中,基本上有两条路可以走:

1. 转向精细化零售

所谓精细,就是在商品线宽度上做文章,减少单品数和供应商数量,在保持品类丰富的同时,做深做细每个小分类的单品及其供应商,为忠实消费者群体提供个性化更高性价比的商品和服务。

2. 在供应链上做文章

其中一个策略是将供应链延伸到全球范围,打通全球供应链,获得独特的产品和品牌优势;另外一个策略则是通过大量投资建立起从头到脚由自己控制的垂直供应链。

显然,特色实体店已经逐渐替代原来的百货卖场成为实体店的主角,得益于跨境电商的崛起和国家政策的引导,充分体现了它们的生命力。以全球供应链为基础的实体店将迎来爆发式增长,各种业态也会层出不穷,必然会逐渐成为撑起实体店业态的顶梁柱。